GIUSEPPE URZÌ

FATTI SENTIRE!

Come Migliorare La Tua Voce Per Migliorare Le Tue Relazioni

Titolo

"FATTI SENTIRE!"

Autore

Giuseppe Urzì

Editore

Bruno Editore

Sito internet

http://www.brunoeditore.it

Tutti i diritti sono riservati a norma di legge. Nessuna parte di questo libro può essere riprodotta con alcun mezzo senza l'autorizzazione scritta dell'Autore e dell'Editore. È espressamente vietato trasmettere ad altri il presente libro, né in formato cartaceo né elettronico, né per denaro né a titolo gratuito. Le strategie riportate in questo libro sono frutto di anni di studi e specializzazioni, quindi non è garantito il raggiungimento dei medesimi risultati di crescita personale o professionale. Il lettore si assume piena responsabilità delle proprie scelte, consapevole dei rischi connessi a qualsiasi forma di esercizio. Il libro ha esclusivamente scopo formativo.

Sommario

Introduzione	pag. 5
Capitolo 1: Il paraverbale e la voce	pag. 8
Capitolo 2: Come usare i parametri della voce	pag. 33
Capitolo 3: Come trasmettere chiarezza	pag. 67
Capitolo 4: La voce e il corpo	pag. 83
Capitolo 5: Come usare le risorse della mente	pag. 105
Conclusione	pag. 139

*Alla mia amata moglie Loredana,
la sua voce è un ricordo indelebile in me;
intrisa d'amore e di dolcezza,
sapeva accarezzare le orecchie e il cuore
di ogni persona che incontrava.*

Introduzione

Attrarre e trattenere l'attenzione di chi ti ascolta grazie all'uso della voce, trasmettendo un fiume di informazioni ed emozioni e ottenendo consenso è possibile. Sono Giuseppe Urzì e alleno formatori, manager, avvocati e imprenditori a potenziare l'uso della propria voce nella comunicazione.

Ti è mai capitato di essere fortemente infastidito dal modo di parlare di una persona? O di esserne stato attratto e coinvolto? Hai mai scelto o escluso qualcuno influenzato dal tono che usava per parlarti?

Il nostro modo di dire le cose può cambiare il corso della nostra vita. Sfido chiunque a dire il contrario! Tuttavia, molti professionisti del tuo settore sono ancora ignari di come si possa usare la voce per attrarre la clientela. Seguendomi in questo percorso, scoprirai che il tono della voce è scindibile in una serie di parametri fisicamente misurabili e si è scoperto che, usando in maniera consapevole ciascuno di essi, la comunicazione diventa più incisiva.

Per questo ti insegnerò a gestire ciascuno di questi parametri per far sì che tu possa padroneggiarli completamente. Ti approprierai di strumenti sconosciuti ai più: scoprirai come l'intonazione, il volume appropriato, le pause e un timbro accattivante possano trattenere l'attenzione dei tuoi ascoltatori e influenzare fortemente le loro opinioni in tuo favore.

Scoprirai il legame esistente tra voce ed emozioni, imparando a modulare sapientemente volume, intonazione, ritmo e timbro. Diventerai un creatore di emozioni. Le emozioni ti renderanno credibile e incisivo e daranno colore e vita alle tue parole in un modo che neppure immagini. Ti insegnerò a modellare la tua voce e, poiché la voce è pensiero, scoprirai come modellare i tuoi pensieri. Ti darò nuovi motivi e strumenti per credere in te stesso e farti "sentire". Saprai a tua volta comprendere la voce degli altri e decodificarne i segreti contenuti emotivi.

Ti mostrerò come allenare le tue capacità vocali e come sfruttarle al meglio. Usare la voce con consapevolezza ti darà subito una marcia in più. Seguendo le istruzioni ed esercitandoti, apprenderai facilmente come rendere la tua voce resistente e flessibile, capace di sopportare le più intense giornate di lavoro. Appropriati di questo vantaggio adesso! Comincia subito!

N.B.
Ho preparato per te delle tracce audio esemplificative, delle immagini e dei video che potrai visualizzare collegandoti alla mia **pagina Facebook "Giuseppe Urzì Allenatore della voce"**. *Sarà un ottimo strumento anche per entrare in contatto con me in tempo reale e chiedermi qualsiasi chiarimento in merito a quanto sto per dirti. Ti aspetto!*

Capitolo 1:
Il paraverbale e la voce

Ho realizzato questo lavoro perché desidero darti degli strumenti che ti permetteranno, da subito, di usare la voce in maniera diversa, davvero più incisiva. Ci concentreremo quindi su esercizi pratici che potrai fare nella vita di tutti i giorni. Ti basterà focalizzare, in alcuni istanti della tua giornata, l'attenzione sulla tua voce.

Eseguendo regolarmente gli esercizi proposti, otterrai una voce più:
- flessibile;
- resistente;
- accattivante;
- precisa;
- chiara;
- gradevole.

SEGRETO n. 1: per imparare a usare la voce in modo più

incisivo, focalizza la tua attenzione su di essa, regolarmente, anche per brevi istanti, nella quotidianità.

Ti sarà capitato certamente di trovarti davanti a uno strumento nuovo che sognavi di avere da tanto tempo, ma che non avevi mai usato. Prima di iniziare a maneggiarlo, avrai letto le istruzioni che ti hanno fornito informazioni di carattere generale. Per imparare a usare, o a modificare qualcosa, è necessario infatti conoscere questo qualcosa, in modo da non procedere alla cieca.

Allo stesso modo, prima di proporti gli esercizi di questo corso, che ti faranno intraprendere un percorso graduale, intendo darti maggiore consapevolezza riguardo al mondo della voce. Perciò il lavoro pratico e fortemente orientato al cambiamento, che faremo tra poco, sarà preceduto da informazioni di carattere generale che ti faranno comprendere lo strumento che hai dinnanzi, ovvero la voce umana.

Avrai dei punti di riferimento certi; molte cose appartenenti al mondo della voce possono essere "misurate" grazie all'uso, ad esempio, di speciali software. Ciò che si può misurare si può anche replicare. Potrai usufruire anche delle tracce audio esemplificative, raggiungibili all'indirizzo web che ti fornirò. Limiteremo al massimo il lavoro "a tavolino"; piuttosto agiremo gradualmente su situazioni di vita reale, facendo piccoli esperimenti nella quotidianità.

Alcune schede di autovalutazione ti aiuteranno a riscontrare gli obiettivi e i risultati raggiunti, per cui ti raccomando di munirti di penna e blocco per appunti. Ti torneranno utili tra qualche paragrafo.

Cominciamo a esplorare il campo sul quale stiamo per inoltrarci, ovvero il paraverbale. Cos'è il paraverbale e cosa c'entra con la voce? La comunicazione paraverbale è l'insieme di quegli elementi che formano il modo in cui qualcosa viene detto: il tono, il volume, il ritmo, il timbro della propria voce.

Inoltre è importante comprendere che, quando ci riferiamo al paraverbale, non ci riferiamo solo alla voce, ma a *tutti i suoni che possono essere prodotti con la bocca*; magari semplici rumori, come ad esempio lo schioccare della lingua, un certo modo sonoro di annuire o tutti i suoni non codificati come le parole ma che spesso hanno un significato molto eloquente. Anche, ad esempio, un colpo di tosse o uno schiarimento di gola possono essere densi di contenuto. Questa tipologia di suoni rientra nell'area del paraverbale e il paraverbale ha una straordinaria importanza nel mondo della comunicazione.

La voce è, innanzitutto, suono. Possiamo immaginarla come il "tappeto sonoro" che sostiene le parole. Le parole sono portatrici di significati, di contenuti che possono essere scritti e che possono rimanere, per così dire, "neutri", se non c'è una voce a dare loro consistenza. La voce, invece, sostiene il nostro parlato trasmettendo tutto ciò che ha a che fare con i sentimenti, con lo stato d'animo e con le informazioni addizionali che vogliamo trasmettere agli altri assieme alle nostre parole.

Molti esperimenti, tra cui quelli di Silke Bartsch, confermano che nell'interazione commerciale l'attrazione vocale guida in maniera forte l'impressione percepita dai clienti. Ma cosa succede quando una voce ti attrae o ti respinge? È il tono che fa la differenza. Preparati, sto per rivelarti cosa si intende per "tono della voce".

«C'è modo e modo di dire le cose»
Chissà quante volte avrai sentito dire questa frase, o forse l'hai detta tu stesso. Sarebbe divertente ritornare indietro e chiedere alla persona che l'ha pronunciata: «Potresti dirmi, per favore, esattamente che cosa ti ha infastidito nel mio modo di dire e magari, se ti va, come avresti preferito che ti fosse detto?» Nella maggior parte dei casi, il nostro interlocutore non saprebbe darci la minima indicazione; potrebbe indicarci, genericamente, che non gli è piaciuto il tono con cui ci siamo rivolti a lui o a lei.

E tu che mi stai ascoltando oggi, davanti a un'obiezione del genere, riusciresti a rispondere adeguatamente? Riusciresti a individuare esattamente cosa non ti è piaciuto in una frase che ti è stata detta e che hai percepito come sgradevole?

Sono qui per chiarire anche questo aspetto e, per cominciare, farò in modo che tu comprenda perfettamente cosa significa l'espressione "tono di voce".

In realtà è un'espressione che di per sé ha una sua specificità (come vedremo successivamente quando parleremo di intonazione), ma viene usata in maniera generica per indicare il mondo del suono della voce; in poche parole, il nostro modo di porgere il parlato. Useremo la definizione generica "tono di voce" finché non acquisirai maggiore consapevolezza di alcuni termini più specifici. Ti porterò tra poco in questo mondo straordinario per mostrarti com'è fatto e che cosa c'è dentro.

Siamo stati abituati a pensare che le parole abbiano un grandissimo peso nella comunicazione, ma questo non è sempre vero. Anzi, sembra che il modo in cui vengono pronunciate, conti più del loro significato intrinseco. Inoltre, studi scientifici hanno dimostrato che, se il tono della voce non è coerente con le parole, le parole stesse perdono di importanza e passano in secondo piano rispetto al paraverbale, fino a pesare solo il 7% nella comunicazione! Il 7% è una percentuale davvero bassa. Significa non dare quasi nessuna importanza al contenuto; pensa a quanti ostacoli questa circostanza può procurare a una persona che usa la voce, ad esempio, per relazionarsi e persuadere i propri clienti.

Uno studio, condotto nel 2013 dagli statunitensi William Mayew e Mohan Venkatachalam, ha dimostrato che il tono della voce usato dai manager per dare pubblicamente notizie sull'andamento delle loro aziende non solo dà degli indizi sul quadro reale – a volte diverso da quello che si cerca di dipingere a giornalisti, investitori, clienti ecc. – ma fornisce elementi utili a predire lo stato di salute e la credibilità futura dell'azienda stessa.

Sembra qualcosa di magico vero? La voce che nasconde gli indizi per capire il futuro! Eppure, se il manager parla con un tono che non è coerente con ciò che sta dicendo, la fiducia degli ascoltatori cala. Naturalmente, né il manager, né il suo pubblico sono pienamente consapevoli di questi meccanismi, che però sono stati sperimentati e dimostrati scientificamente.

È importantissimo tenere a mente che una voce che vuole

influenzare deve essere vibrante di emozioni; queste daranno forza allo stesso oratore e lo renderanno capace di attraversare e contagiare i singoli interlocutori o le platee. Questo è un requisito fondamentale da tenere sempre presente e senza il quale la sola tecnica non basta.

Il test
A questo punto, prendi carta e penna – o, se preferisci, crea un documento digitale – per elaborare la tua prima scheda di autovalutazione.

Conserva quello che scrivi: sarà interessante, alla fine del percorso, rivedere questi appunti per rendersi conto dei progressi realizzati.
- Domanda 1. Quanto ti piace la tua voce? Esprimilo con un numero da 1 a 5.
- Domanda 2. Descrivi in maniera essenziale quale aspetto della tua voce desidereresti migliorare.
- Domanda 3. In che modo questo aspetto incide sulla qualità/efficacia delle tue relazioni?

1. --
2. --

----
3. --

Nelle pagine precedenti ti ho presentato i primi segreti della comunicazione vocale: coerenza tra tono e contenuto delle parole e capacità di trasmettere emozioni. Ed ecco la buona notizia: la capacità di trasmettere emozioni si può apprendere. Prima di affrontare, nel prossimo paragrafo, questo tema affascinante, vorrei fare una premessa che ci servirà a guardare le emozioni in modo diverso.

Testa o cuore? Quante volte ci siamo sentiti dire: «Usa la testa!» o «Impara a vincere l'emozione!» In realtà, l'emozione non è affatto un nemico da sconfiggere. Siamo abituati a considerare la relazione tra testa e cuore come una sorta di derby: in privato, possiamo pure far vincere il cuore, ma sul lavoro dobbiamo puntare tutto sulla testa. E chi di noi non ha fatto uno di quei giochini sul Q.I., il quoziente di intelligenza?

Quei test, usati anche dalle aziende, erano un modo per scoprire e classificare la bravura di un individuo, basandosi sulle sue capacità razionali. Oggi i test sul Q.I. sono superati: i loro risultati non sono considerati esaustivi. «Al massimo, il Q.I. contribuisce in ragione del 20% ai fattori che determinano il successo nella vita»: questo ha dimostrato uno studio di Goleman nel 1995. Quindi, se li abbiamo fatti per gioco e non abbiamo raggiunto un punteggio alto, consoliamoci!

A questo proposito stiamo assistendo a una vera e propria rivoluzione. Si parla sempre meno di Q.I., quoziente di intelligenza, e sempre più di E.Q., quoziente di intelligenza emotiva. Nel 2003, l'Harvard Business Review ha definito l'intelligenza emotiva come «la chiave del successo professionale».

Ma cos'è l'intelligenza emotiva e perché è così importante? Sintetizzando, possiamo dire che l'intelligenza emotiva è l'insieme delle competenze legate alla sfera emozionale di un individuo o di un gruppo. È quindi ormai chiaro che le emozioni non sono un'esclusiva della vita privata, ma ci accompagnano prima, durante e dopo il lavoro. Non sono qualcosa da vincere o reprimere ma, al contrario, risorse da saper sfruttare per ottenere buoni risultati in termini di successo. La tecnica non basta. In qualsiasi settore, la tecnica è secondaria rispetto alla capacità fondamentale che abbiamo appena citato: la consapevolezza delle emozioni che permette di trasformarle e canalizzarle; attenzione, non si tratta di reprimerle ma, ripeto, di trasformarle a nostro vantaggio.

Cosa intendo quando dico che reprimere le emozioni con la tecnica, seppure la più avanzata, non funziona? Ti faccio un esempio. Immagina di avere delle difficoltà a parlare durante un colloquio di lavoro per un senso di insicurezza che non hai ancora superato. Per abitudine, continui a grattarti la testa. Ecco che ti viene insegnato a non grattarti la testa. Finalmente, dopo esserti esercitato, riesci a eliminare l'abitudine imbarazzante. Non hai però risolto la tua insicurezza, ne hai solo, per così dire, represso il sintomo, perciò l'emozione appena cacciata dalla porta rientra dalla finestra; cominci infatti a far tremare una gamba, altro segno tipico di disagio.

Cosa non ha funzionato? Beh, è semplice: non si è andati alla radice del problema. Con la sola tecnica, questo non si può fare. Quando impari a riconoscere e a volgere a tuo vantaggio le emozioni, invece, si apre un orizzonte nuovo, e le abilità che acquisisci diventano degli alleati solidi e fedeli sia sul lavoro sia nella vita privata. È vero comunque che ci sono emozioni che favoriscono la comunicazione e altre che invece la disturbano. Per tutti questi motivi, d'ora in poi il nostro viaggio nel mondo della voce avrà anche l'obiettivo di raggiungere una maggiore consapevolezza delle emozioni; a esse faremo sempre riferimento, come vedrai in seguito.

Quanta strada possiamo fare con una macchina rimasta a secco? Beh, spingendola a mano potremo spostarla un po', ma non andremo certo lontano! Le emozioni sono, insieme alle motivazioni, il carburante della comunicazione vocale; tra voce ed emozioni c'è un legame intimo, fortissimo. Ogni emozione ha una sua propria voce. Pensa che a ogni emozione è correlata una vera tempesta biochimica nel corpo: rossori, pallori, tremori e sudorazioni.

Accanto a questi cambiamenti, avvengono modifiche dell'espressione facciale, della posizione della gola, del cavo orale, delle labbra e quindi del suono vocale. Ecco perché a volte è possibile riconoscere se chi parla sta, ad esempio, sorridendo o se invece sta provando disgusto anche senza vedere il suo volto, ma solo ascoltandone la voce. È probabile, quindi, che i tuoi ascoltatori riescano a captare elementi della tua personalità da come parli; non solo, è possibile che si rendano conto di quanto sia credibile ciò che stai dicendo proprio da come lo dici.

Ricordiamoci quello che abbiamo scoperto più sopra: se un

manager, in occasione della presentazione al pubblico dell'andamento aziendale, parla con un tono che non è coerente con ciò che sta dicendo, la fiducia degli ascoltatori cala. Tra le varie conseguenze negative, è stato dimostrato che questo porterà gli investitori a puntare di meno sull'azienda nell'immediato futuro. Perciò quando si parla è importantissimo seminare gli indizi vocali opportuni al raggiungimento del proprio obiettivo.

Ma come fanno i nostri ascoltatori a intuire se, ad esempio, proviamo un senso di insicurezza mentre parliamo? Quali sono gli indizi paraverbali che smascherano le nostre emozioni? Un falso sicuro, per citare uno studio di Isabella Poggi, fa pause lunghe, parla lentamente, presenta mini balbuzie e suoni riempitivi. Ha una respirazione rumorosa, interrompe spesso il discorso e riformula le frasi. È facile capire che trasmette ansia e rigidità e che il contenuto del suo discorso verrà danneggiato da queste emozioni negative.

Il vero sicuro parla veloce ma senza troppa eccitazione, con voce chiara e ben proiettata, morbida e non troppo alta; sorride spesso, fa pause brevi, raramente fa false partenze. Trasmette rilassatezza e fiducia, emozioni che costituiscono il miglior biglietto da visita per il suo successo.

SEGRETO n. 2: nel paraverbale esistono segnali precisi che palesano la tua sicurezza o insicurezza; impara a riconoscerli in te e negli altri; aumenta la tua consapevolezza per aumentare la tua capacità di agire sulla tua voce.

Gli studi condotti finora suggeriscono che i **segnali vocali delle emozioni** siano comuni a culture anche molto diverse tra loro. Possiamo quindi permetterci di considerarli come una sorta di **"linguaggio universale"** immediatamente comprensibile. Quali sono le principali emozioni che lasciano il segno nella nostra voce? Sintetizzando, e traendo spunto dal lavoro di ricerca compiuto dagli psicologi Anolli e Ciceri nel 2000, riconosceremo sei emozioni primarie (già individuate e studiate da Ekman):

- **rabbia;**
- **gioia o entusiasmo;**
- **tristezza;**
- **disgusto;**

- **paura;**
- **sorpresa.**

Ti invito ora a familiarizzare con questa immagine:

I parametri vocali e le emozioni nel parlato

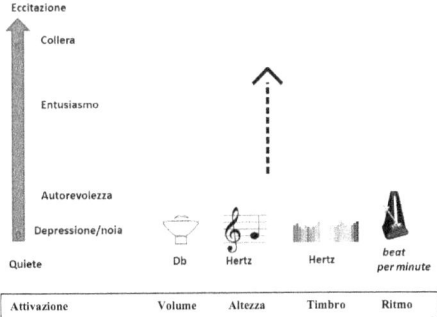

Ti aiuterà a scoprire come i parametri vocali (a partire da sinistra: volume, altezza o intonazione, timbro, ritmo), di cui parleremo a breve, cambino a seconda delle emozioni. Il vettore a sinistra rappresenta l'attivazione psicofisica, mentre quello tratteggiato la risposta dei parametri vocali. All'inizio del primo si collocano gli stati emotivi più vicini alla quiete: troviamo quindi la tristezza, la tenerezza, il disgusto. Man mano che si procede verso la punta della freccia, si incontrano stati di eccitazione via via crescenti. A ¾ del vettore si collocano prima la gioia e l'entusiasmo e, successivamente, in cima, collera e terrore.

Questo schema ci aiuterà a chiarire cosa vuol dire coerenza tra tono, contenuto delle parole e capacità di trasmettere emozioni. È bello scoprire che grazie a quanto detto puoi avere anche una maggiore capacità di ascolto e comprensione delle tue emozioni; infatti non sempre si ha chiaro ciò che si sta provando. Il modo in cui ti esprimi vocalmente, quindi, potrà darti interessanti indizi sul tuo reale stato d'animo, al di là dell'idea razionale che puoi avere in merito, nelle svariate circostanze della vita.

A proposito di congruenza tra voce e contenuto, è difficile, ad esempio, esprimere gioia o entusiasmo con un'intonazione che permane sulle note gravi, tipiche della tristezza, quindi cercheremo di tinteggiare i passaggi gioiosi delle nostre performance vocali usando un'intonazione tendenzialmente più acuta.

SEGRETO n. 3: la gioia e l'entusiasmo sono espressi generalmente da un'intonazione che tende agli acuti; ricordatene se vuoi esprimere queste emozioni.

Se invece desideriamo esortare qualcuno ad agire secondo la nostra volontà, esprimiamoci pure con i toni dell'entusiasmo, ma ricordiamoci di flettere sempre l'intonazione verso i gravi alla conclusione della frase; saremo di certo più efficaci.

SEGRETO n. 4: per esortare qualcuno ad agire secondo la nostra volontà, dobbiamo usare una flessione dell'intonazione verso i gravi alla fine della frase di richiesta.

Ho preparato per te una serie di esempi su tracce audio che potrai ascoltare collegandoti alla mia ***pagina Facebook "Giuseppe Urzì Allenatore della voce"***. Tra gli "Esempi audio" troverai anche questo modello di "Richiesta incisiva": «*Gradirei avere un resoconto del lavoro svolto entro questa settimana*».

Nel presente capitolo abbiamo scoperto un terzo elemento da aggiungere alle regole d'oro della comunicazione tramite voce: l'autoconsapevolezza, il saper riconoscere le proprie emozioni. Tenendo presente questo obiettivo, possiamo ora inoltrarci nel mondo dei parametri vocali.

Sarebbe bello, in futuro, se si potessero recuperare, in qualche modo, le voci degli uomini che hanno vissuto secoli fa. Fantascienza? Per ora sì, ma non si sa mai.

Sarebbe curioso, ad esempio, sentire la voce di Archimede, il grande scienziato siracusano, leggendario uomo di successo, e scoprire se il suo modo di comunicare fosse efficace. Certamente si esprimeva nel greco antico dei sicelioti suoi contemporanei; il resto dobbiamo solo immaginarlo.

La sua leggenda è viva ancora dopo più di duemila anni; possiamo quindi immaginare che, oltre a essere un eccellente inventore, fosse anche capace di promuovere bene il suo talento e la sua personalità, anche attraverso una buona capacità comunicativa.

Proprio ad Archimede è ispirata la divisione in 5 aree di lavoro che osserveremo nei prossimi paragrafi e che, d'ora in poi, paragoneremo a delle leve, agendo sulle quali potremo migliorare la tua voce.

La leva è un'invenzione davvero straordinaria e di grande semplicità. E con grande semplicità restituisce a chi la usa una potenza moltiplicata rispetto a quella di partenza. Se si insiste sul punto giusto, con un piccolo sforzo si possono ottenere grandi risultati.

Le aree di lavoro, o come le chiameremo d'ora in poi, le leve, sono 5: la leva tecnica, la leva relazionale, la leva strategica, la leva fisiologica e la leva della spiritualità. 5 leve per 5 ambiti dell'attività intellettiva ed esistenziale umana.

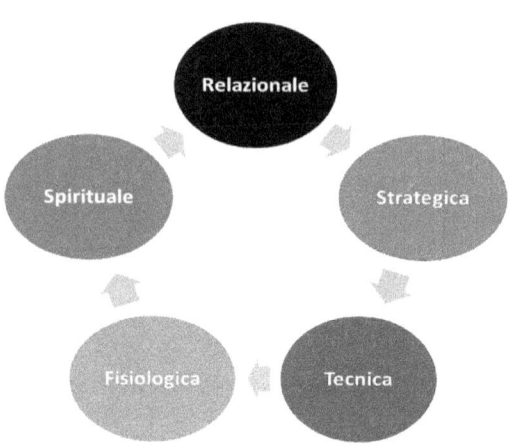

Per comprendere a fondo di cosa si tratta, esploriamo le leve una a una, tenendo sempre presente, però, che bisogna agire su tutte per raggiungere un risultato globale e rinnovare in meglio, attraverso la voce, parte della nostra personalità.

Partiremo dalla leva tecnica per acquisire subito più consapevolezza riguardo la voce come "oggetto". Cos'è? Come si misura? Nel capitolo dedicato alla leva tecnica, infatti, individueremo i principali parametri della voce. I parametri sono quei sistemi, quelle scale che ci permettono di misurare la nostra voce in maniera molto concreta, ovvero matematica.

Come ha origine la voce e come collegarla al respiro? Per meglio comprendere il funzionamento di tutto l'apparato fonatorio, ci sposteremo sul campo della seconda leva, la leva fisiologica. Il funzionamento del corpo è collegato a quello della voce; vedremo perché. La relativa area di lavoro include a pieno titolo la respirazione, alcune tecniche per preparare la voce all'utilizzo e infine alcuni consigli per mantenere la voce in perfetta efficienza.

Apprendere a respirare correttamente ci porta alla terza area di lavoro, quella della leva spirituale. La leva spirituale è importantissima per riuscire a comunicare e a utilizzare bene la nostra voce. Anche se il termine "spirituale" potrebbe evocare qualcosa di etereo, vedrai che in realtà riguarda argomenti molto concreti, ed è un'area che comprende tutte le altre leve. La leva della spiritualità ti permetterà di entrare in profondo contatto con te stesso e di porti in modo appropriato nei confronti delle altre persone a cui ti rivolgi. In poche parole, ti consentirà di preparare i vari e diversi aspetti della tua personalità all'utilizzo della voce nella comunicazione.

A questo punto sarà interessante imparare a usare la quarta leva, cioè la leva relazionale. Ci concentreremo su un aspetto, ossia sulla capacità del parlante di entrare nel mondo dei sentimenti dell'interlocutore. Il punto su cui agire riguarda quindi la condivisione dei sentimenti di chi ci sta davanti, la partecipazione ai nostri e l'accoglienza dei suoi.

La quinta leva l'ho denominata leva strategica, poiché si pone come fine la creazione di strutture di pensiero e di linguaggio vantaggiose, allo scopo di farci comunicare con il nostro interlocutore in maniera più fluida possibile.

In sintesi, esplorerai le 5 aree di lavoro non in ordine di importanza (perché tutte sono importanti allo stesso modo), ma perché ognuna introduce in qualche modo l'altra. La leva tecnica ti renderà familiare l'oggetto "voce"; la leva fisiologica ti farà vedere come funziona la voce rispetto al corpo e come è collegata al respiro; la respirazione corretta ti introdurrà a uno stato di maggiore consapevolezza delle tue emozioni e motivazioni, che servirà per azionare la leva spirituale. Dalla leva spirituale a quella relazionale, in cui imparerai l'importanza dell'empatia, il passo sarà breve. Infine, la progettualità interna che avrai scoperto e maturato nelle 4 aree di lavoro precedenti, ti sarà utile per calibrare l'ultima leva, la leva strategica.

RIEPILOGO DEL CAPITOLO 1:

- SEGRETO n. 1: per imparare a usare la voce in modo più incisivo, focalizza la tua attenzione su di essa, regolarmente, anche per brevi istanti, nella quotidianità.
- SEGRETO n. 2: nel paraverbale esistono segnali precisi che palesano la tua sicurezza o insicurezza; impara a riconoscerli in te e negli altri; aumenta la tua consapevolezza per aumentare la tua capacità di agire sulla tua voce.
- SEGRETO n. 3: la gioia e l'entusiasmo sono espressi generalmente da un'intonazione che tende agli acuti; ricordatene se vuoi esprimere queste emozioni.
- SEGRETO n. 4: per esortare qualcuno ad agire secondo la nostra volontà, dobbiamo usare una flessione dell'intonazione verso i gravi alla fine della frase di richiesta.

Capitolo 2
Come usare i parametri della voce

La leva tecnica si appoggia fondamentalmente sull'abilità di manovrare i parametri misurabili della voce, che sono essenzialmente:
- *altezza*: indica quanto il suono vocale è grave o acuto;
- *volume*: è l'energia con cui giunge alle membrane timpaniche;
- *timbro*: ciò che rende una voce riconoscibile;
- *ritmo*: numero e durata dei suoni vocalizzati nell'unità di tempo.

A questi si aggiungono capacità come l'utilizzo appropriato delle pause, la scansione e la pulizia.

SEGRETO n. 5: l'uso consapevole dei singoli parametri vocali è determinante per trasmettere i propri contenuti in maniera incisiva.

Stiamo per entrare nel mondo di questi parametri allo scopo di comprenderli in profondità. Seguimi! Cosa dobbiamo sapere sull'**altezza della voce**? Abbiamo già detto che ogni voce ha un'altezza, o intonazione, definita anche frequenza; l'unità di misura della frequenza è l'hertz.

L'altezza indica quanto il nostro tono di voce è grave o acuto. Possiamo far riferimento, per comprendere meglio questo concetto, alla tastiera del pianoforte; tutti noi nella vita abbiamo avuto l'opportunità di ritrovarci davanti a uno strumento reale, fatto di legno, oppure a una tastiera elettronica o, ancora, una virtuale sul pc, e abbiamo strimpellato pur non sapendo suonare. Abbiamo notato che le note a sinistra sono quelle gravi, mentre a destra si trovano le note acute.

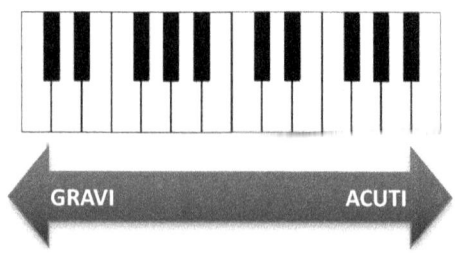

Le voci umane sono molto caratterizzate dall'altezza. L'altezza della voce può quindi essere misurata anche facendo riferimento alla scala musicale, oltre che in hertz, con speciali software e strumenti elettronici.

Per essere più precisi, è bene sottolineare che l'altezza si riferisce, in genere, a un frammento di un discorso, ad esempio alla "È" verbo di questa frase: «È sempre un piacere incontrarti, mio caro». Una frase invece è qualcosa che contiene una serie di altezze che si susseguono e che possiamo definire intonazione. Questa descrive una vera e propria melodia, una sinusoide che dà espressività al discorso del parlante.

Per fare un paragone con un'altra materia, volendo chiarire la differenza tra altezza e intonazione, pensiamo alla differenza che sussiste tra un fotogramma e una breve sequenza video. Questo aspetto, ovvero l'intonazione, incide moltissimo sulle caratteristiche emotive del parlato, come vedremo tra poco.

Ciascuno di noi ha un "corredo naturale" di note disponibili, che si definisce estensione e include tutte le note riproducibili dalla voce di un soggetto. Immaginiamo di suddividere la voce in tre aree: grave, media e acuta. (*Troverai tracce audio esemplificative, in merito, sulla mia pagina Facebook "Giuseppe Urzì Allenatore della voce"*).

In che modo il parametro dell'altezza condiziona il nostro modo di parlare? E come plasmarlo a nostro vantaggio? Lo vediamo subito evidenziando alcuni aspetti essenziali. Il primo è che, in generale, l'andamento della nostra voce dovrà presentare un'intonazione che non permanga sulle frequenze gravi per troppo tempo, né tantomeno sulle medie o sulle acute.

SEGRETO n. 6: è consigliabile che la voce non permanga troppo in nessuna delle tre aree dell'intonazione (grave/media/acuta), per evitare di essere monotona o infastidire.

La monotonia va evitata a favore della varietà: la nostra voce dovrà disegnare una melodia più varia possibile e il più possibile collegata con ciò che stiamo dicendo, dal punto di vista sia logico sia emotivo. Va usata quindi una musicalità coerente con il testo.

Se la varietà di intonazione ci salva dal pericolo di annoiare i nostri ascoltatori, è pur vero che la voce, per rappresentare con autorità il suo possessore, di base deve orientarsi su un'intonazione tendente ai gravi. Infatti, studi ed esperimenti condotti da Robert Peterson nel 1995 hanno evidenziato che *l'intonazione grave conferisce autorevolezza alla persona che la utilizza*. Sembra che, nel corso della storia, la specie umana abbia maturato l'idea che la voce grave rappresenti l'autorevolezza e la stabilità emotiva, due qualità che predispongono positivamente chi ascolta.

SEGRETO n. 7: una voce autorevole, maschile o femminile che sia, ha il suo "baricentro" nelle frequenze gravi.

Naturalmente, ci riferiamo alle frequenze gravi di cui dispone il parlante, diverse da persona a persona. A partire dalla base grave, il parlante deve sviluppare una melodia che può arrampicarsi anche su toni più acuti, per poi ritornare alla base grave. Possiamo paragonare l'intonazione metaforicamente al tronco di un albero da cui devono snodarsi espressioni, come rami che si protendano via via verso gli acuti per poi ritornare a consolidarsi nel tronco di una base di intonazione grave. Tutto ciò senza perdere il legame e la congruenza con il mondo dei contenuti, delle emozioni e della logica dell'esposizione, che può essere rappresentato dalle radici dell'albero.

Abbiamo già accennato al fatto che l'entusiasmo è uno dei principali carburanti di una comunicazione efficace. Se si desidera trasmettere entusiasmo e motivazione, è necessario elevare l'intonazione; ma, attenzione, sono da evitare gli eccessi. I toni troppo acuti e striduli danno l'idea di una persona nervosamente esaltata, o addirittura allarmata, e quelli troppo gravi e piatti trasmettono l'immagine di una persona depressa, abulica o debole.

Immaginiamo che il nostro vettore proceda dalle frequenze gravi dell'estensione vocale verso gli acuti. Percorrendolo verso l'alto, troviamo: alla base, tra le emozioni più importanti, tristezza, tenerezza, gioia ed entusiasmo e, in cima al vettore, sulle frequenze più acute, collera, nervosismo e terrore. Dal punto di vista dell'intonazione, quindi, l'entusiasmo si colloca indicativamente a ¾ del nostro vettore.

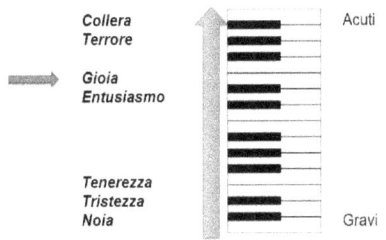

Sintetizziamo quanto abbiamo appreso finora: la **varietà** è la regola d'oro della voce attraente. Stazionare per lunghi periodi sulle frequenze acute o su quelle gravi, può comportare l'irritazione da una parte o dall'altra, la noia e la conseguente distrazione dell'interlocutore. Il discorso ideale dovrebbe essere vario ed equilibrato per comunicare l'autorevolezza e la stabilità emotiva del parlante ma, se deve anche attrarre e/o persuadere, deve trasmettere un'emozione formidabile: l'entusiasmo. L'autorevolezza è espressa dall'intonazione grave, ma nei punti in cui bisogna motivare all'azione, occorre che la voce abbia dei picchi di intonazione.

A questo proposito, torniamo a concentrarci sull'intonazione come frequenza media usata dal parlante: se l'altezza è una caratteristica del singolo suono, l'intonazione, dicevamo, è data dall'insieme dei suoni o dalla linea melodica. L'intonazione, o linea melodica, ci dice molto sull'entusiasmo impiegato per enunciare qualcosa. Nel preparare i tuoi discorsi, quindi, tieni conto di quello che abbiamo detto finora: base grave, varietà, coerenza.

Come fare per esercitare la varietà? Iniziamo con l'esercitare singolarmente le tre aree fondamentali della voce: l'area grave, l'area centrale e l'area acuta. Dicevamo a tal proposito che la presenza di frequenti "picchi" ci rende imprevedibili e quindi interessanti. Cos'è un picco? Come si crea? Il picco, in questo caso di intonazione, è un momento in cui, per sottolineare una parola o una frase, si agisce cambiando in modo repentino l'intonazione, spostandosi su una frequenza significativamente più acuta o più grave rispetto all'intonazione che si sta usando. Iniziamo perciò a creare i presupposti per usare il suddetto strumento. Diamo inizio alle nostre esercitazioni!

GIORNO 1

Come anticipato, ti indicherò come applicare nella pratica, in momenti di vita reale, quanto hai appreso in teoria; sarà questa la caratteristica distintiva del nostro percorso. Scegli quindi un momento della giornata in cui hai un incontro con un amico o un collaboratore, se vuoi anche con un cliente, purché sia quella che definiresti una "situazione tranquilla".

Per circa 10 minuti dovrai parlare con il tuo interlocutore favorendo un'intonazione che va verso i gravi. Fallo senza sforzarti e mai in modo innaturale o caricaturale.

GIORNO 2

Il secondo giorno puoi esercitarti, invece, sull'area media, ovvero la parte centrale della tua voce, e condurre un dialogo di circa 10 minuti con questa intonazione.

GIORNO 3

Il terzo giorno ti servirà proprio un amico, o una persona con cui sei in confidenza, perché dovrai parlare, per circa 3 minuti, usando la parte acuta della tua dotazione naturale di voce. Attenzione: evita le note estremamente acute, per intenderci, quelle che si potrebbero definire strilli, e anche l'emissione in falsetto. Rimani sempre nell'area di un'emissione confortevole.

GIORNO 4

L'ultimo giorno, prova a usare tutte e tre le aree, mescolandole in maniera opportuna e coordinandole con i contenuti. L'effetto sarà quello che stiamo cercando, ossia raggiungere la varietà, senza dimenticare il concetto base che il baricentro dell'intonazione deve comunque orientarsi principalmente sulle frequenze gravi.

Ora il concetto di varietà di intonazione ti è familiare. Se ti va di potenziare ulteriormente questo aspetto, ti propongo ancora due esercizi che puoi fare successivamente. Il primo riguarda i "picchi" di intonazione. Scegli una parola o una frase "chiave", cioè una di quelle frasi o parole che ti interessa evidenziare e, così come faresti con un pennarello evidenziatore, rafforzala usando un'intonazione più acuta (se vuoi esprimere entusiasmo, se vuoi spingere all'azione) o più grave (se vuoi trasmettere autorevolezza).

E ancora, affina la tua capacità di "ricalcare" l'intonazione dei tuoi interlocutori, quindi ascolta attentamente uno degli interlocutori con cui ti capita di parlare durante la giornata e imita la sua intonazione mentre dialoghi con lui; ti basterà farlo nella parte iniziale di una tua risposta o affermazione.

Il secondo esercizio, che ti suggerisco di fare giornalmente almeno per qualche settimana, ti aiuterà a prendere consapevolezza delle possibilità della tua voce dal punto di vista dell'estensione. Procurati uno strumento musicale, ad esempio una tastiera elettronica (puoi anche scaricare un pianoforte virtuale o un'applicazione sullo smartphone) e procedi come segue.

Prova a intonare tutte le note della scala. Anche se l'intonazione non sarà perfetta, va bene lo stesso; occorre che tu abbia un orientamento nel mondo dell'intonazione del suono vocale.

(*Troverai degli esempi audio, in merito, sulla mia pagina Facebook "Giuseppe Urzì Allenatore della voce*).

Parti dal Do e intona le restanti note della scala fino al Do successivo. Se sei un musicista o un cantante, probabilmente ti sarai già accostato a un esercizio simile e per te sarà elementare svolgerlo. Se non sei un musicista o un cantante, e soprattutto se l'intonazione non è il tuo forte, ti suggerisco di affiancare agli esercizi che già stai facendo l'esecuzione di questa semplice scala.

Il **volume** esprime la potenza con cui un suono, in questo caso quello vocale, giunge alla membrana timpanica. Si esprime in decibel (db). Generalmente un essere umano esprime, nel parlato ordinario, una potenza di circa 70 db. Il volume è regolato fondamentalmente dall'attività sinergica del flusso d'aria che viene emesso e dall'impegno di alcuni muscoli interni ed esterni alla gola nel produrre la voce; in primo luogo, dai muscoli propri delle corde vocali. (*Troverai esempi in merito alla "variazione di volume" sulla mia pagina Facebook "Giuseppe Urzì Allenatore della voce"*).

Gli esempi che ti offro sono volutamente marcati; ciò serve a mostrarti tecnicamente le differenze in modo inequivocabile. Nella conversazione ordinaria, saprai di certo trasformare questi forti colori in sapienti sfumature.

Il volume può essere anche espressione di entusiasmo, di energia, di gioia di fare, di esserci; quindi se si vuole esprimere e contagiare questa emozione (pensiamo a un leader, a un venditore, a chi vuole motivare all'azione e al cambiamento i suoi interlocutori) occorre mantenere un volume vocale "brillante", soprattutto nei passaggi chiave degli speech.

SEGRETO n. 8 per conquistare e mantenere la leadership bisogna sviluppare un volume vocale tale da essere percepiti nettamente, trasmettendo energia e sicurezza, senza eccedere.

Immaginiamo ancora un vettore simile in tutto e per tutto a quello presentato in precedenza, ma riferito stavolta al volume invece che all'intonazione. Procediamo dal basso verso l'alto e troviamo, tra le emozioni più importanti, tristezza, poi tenerezza, gioia ed entusiasmo e infine, nei volumi eccessivamente alti, collera, nervosismo e terrore. Anche dal punto di vista del volume vocale, l'entusiasmo si colloca indicativamente a ¾ del nostro vettore, similmente a quanto accade nel caso dell'intonazione.

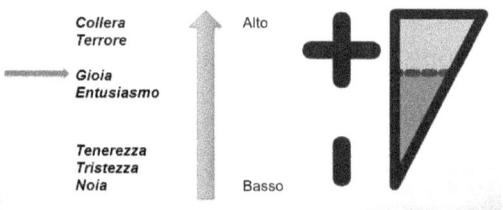

Esiste un volume "ideale"? Non c'è una regola assoluta. Dipende dalle circostanze. Come dicevamo, il volume impresso dal parlante denota la carica di energia impiegata per enunciare qualcosa. In generale possiamo asserire che la voce deve essere innanzitutto perfettamente udibile. L'eccessivo volume può comportare, infatti, l'irritazione dell'interlocutore, così come il volume troppo basso. Sappiamo tutti come un volume elevato possa essere uno strumento di coercizione, quindi è bene non esagerare.

Per modulare il volume in modo appropriato dovrai valutare bene le condizioni ambientali (nel caso di uno speech, ad esempio renderti conto della grandezza dell'ambiente in cui dovrai parlare, verificare e provare personalmente le condizioni dell'impianto di amplificazione ecc.) e i soggetti con cui ti relazioni. Chiediti che emozioni vuoi suscitare in loro.

In una relazione professionale a due, per esempio, in cui esiste una guida, un leader (venditore, formatore, responsabile ecc.) o nel caso di piccoli gruppi, quest'ultimo deve usare un volume leggermente più alto per mantenere la leadership. Tuttavia la differenza deve essere lieve e comunque soddisfare due requisiti: varietà e (inizialmente) imitazione dell'interlocutore. Una persona che non varia, cioè che parla sempre allo stesso volume, annoia e non viene percepita come guida, come leader.

Per creare l'empatia, condizione importantissima per la buona comunicazione, è opportuno usare la tecnica che gli esperti di PNL chiamano "del ricalco". In parole semplici, bisogna non discostarsi troppo dalla fascia di volume dell'interlocutore, anzi, cercare di imitare, per quanto possibile, il suo volume, accrescendolo gradualmente un po' dopo le prime battute. Riassumendo, per il volume ideale:

1. La voce deve essere sempre udibile.
2. È importante valutare le circostanze.
3. È opportuno evitare gli eccessi.
4. Nella relazione professionale a due inizialmente imitare e successivamente incrementare leggermente il volume vocale dell'interlocutore.

Prima di passare all'applicazione sul campo, simile a quella che abbiamo fatto per quanto riguarda l'intonazione, ti consiglio di fare degli esperimenti con il software "Audacity" che potrai scaricare facilmente e gratuitamente in rete. Dopo averlo scaricato e istallato, prova a effettuare una registrazione cliccando sul pulsante rosso in alto a sinistra, come nell'immagine che segue; si aprirà una traccia di registrazione, come puoi vedere, con delle "impronte" grafiche le quali appariranno in tempo reale mentre tu registri. Queste impronte saranno tanto più marcate quanto più volume usi.

Tieni conto di due accorgimenti importanti, svolgendo questo primo esercizio:
- mantieni sempre la stessa distanza dal pc;
- usa note comode, né troppo gravi né troppo acute;
- se puoi mantieni un'intonazione costante, quindi un'unica nota.
- modifica solo il volume (aumenta/diminuisci), sperimentando ciò che ti accade dal punto di vista delle sensazioni fisiche mentre lo fai.

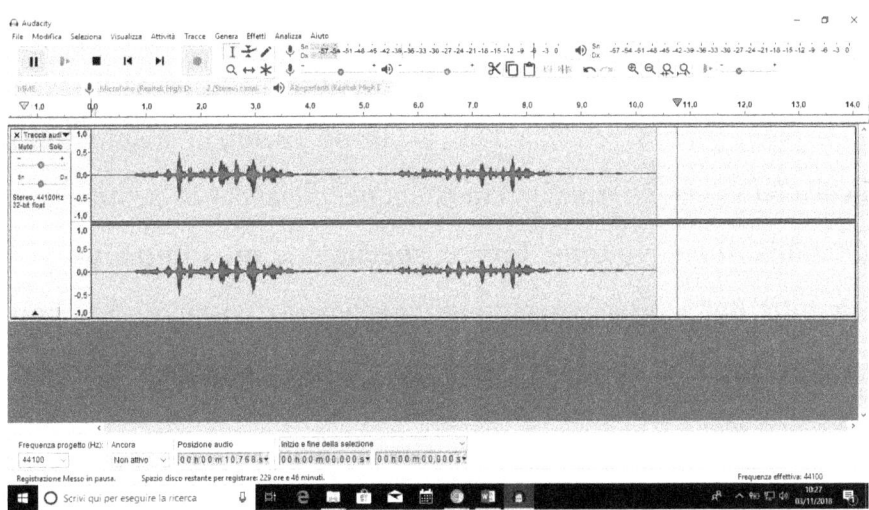

Procedi poi con l'esercitazione in momenti di vita reale. Nel momento della giornata in cui ti senti più rilassato e più in confidenza con un cliente, con un amico o con un tuo collaboratore, prova a sperimentare le modalità relative al volume. Quindi, il primo giorno, prova a parlare con una voce a un volume ridotto, per la durata dell'incontro o di una telefonata, quindi 3, 5 o 7 minuti. Se l'interlocutore lamenta di non sentire, aumenta gradualmente il volume sino a essere percepito, rimanendo comunque a un volume minimo; eventualmente prova anche a scandire con maggiore precisione le parole per aumentare l'udibilità senza intervenire sul volume.

Il secondo giorno prova a fare lo stesso esercizio mantenendo invece un volume normale, o meglio quello che per te rientra nella normalità. Il terzo giorno, invece, **sperimenta un volume un po' più alto del solito** cercando di mantenerlo costante. Se puoi registra tutto e riascolta; sarà un valore aggiunto alla tua esercitazione.

Il timbro è un parametro vocale molto interessante, intrigante e ricco di implicazioni. Potrebbe sorprenderti sapere che non è tanto frutto delle corde vocali, ma piuttosto della conformazione caratteristica dei *risonatori*, ovvero laringe, faringe, lingua, palato, fosse nasali e cavità craniche.

I risonatori sono parti del corpo collegate direttamente alle corde vocali, come laringe e faringe, oppure contigue a queste ultime. Nel caso di laringe e faringe si può parlare di veri propulsori: tubi elastici costituiti, tra l'altro, da potenti fasci di muscoli e contenenti camere d'aria capaci di dare potenza e corpo al suono vocale. A essi si aggiungono le fosse nasali e altre cavità craniche che filtrano e caratterizzano il suono vocale.

Per comprendere bene cos'è il timbro, dobbiamo osservare a fondo, anche se con semplicità, la natura del suono. Al pari della materia, il suono è scomponibile in parti più piccole. Qualsiasi suono, quindi anche quello vocale, è costituito da ulteriori elementi acustici detti armonici. Sono questi suoni armonici a dare corpo e identità alla voce, come fossero gli ingredienti di una ricetta o gli elementi di un composto chimico.

La "ricetta vocale" di ogni individuo è unica perché frutto delle caratteristiche somatiche, fisiologiche e psicologiche di ciascuno. Avrai notato che in certe fiction la polizia spesso analizza le voci con speciali programmi. Accade anche nella realtà; una traccia vocale, infatti, può distinguere con precisione un individuo al pari del DNA.

Sostanzialmente il timbro è quel qualcosa che caratterizza un suono e ci permette di identificarne con precisione la sorgente. Grazie al timbro riconosciamo (anche senza vedere) una voce conosciuta da una sconosciuta, distinguiamo gli strumenti musicali e anche i suoni dell'ambiente che ci circonda. Esso può rendere una voce calda, profonda o squillante oppure, ancora, nasale o stridente. Gioca un ruolo fondamentale nella gradevolezza della voce.

Le varietà di timbro sono veramente infinite; è vero che sostanzialmente dipendono dalla conformazione della gola e delle altre cavità sopra citate, ma ogni individuo, nel corso della vita, ne delinea le caratteristiche spinto, per lo più inconsapevolmente, dalle proprie esigenze, esperienze personali e strategie comportamentali.

Il timbro vocale può essere in larga misura migliorato o addirittura modificato, purché si rimanga nell'ambito di un'emissione sana dal punto di vista fisiologico. Qualsiasi lavoro sulla voce presuppone che non ci siano patologie della stessa o indirettamente collegate a essa. Ma ti starai chiedendo come sia possibile cambiare il timbro vocale. Basta diventare consapevoli del funzionamento degli organi preposti alla produzione del suono e imparare a influenzarne il comportamento e il gioco è fatto!

So che può sembrare strano, ma pensa a quanto può cambiare l'espressione di una persona grazie a un semplice sorriso. Noi tutti siamo in grado di influenzare i muscoli facciali e, quindi, la nostra espressione. La stessa cosa vale, anche se in misura diversa, per gli organi della fonazione (laringe, faringe, lingua, labbra).

Dal momento che le varietà di timbro sono infinite, sono infinite anche le possibilità di esprimere emozioni varie attraverso questo elemento. Ti proporrò qui due esempi, due giochi che ti serviranno semplicemente da introduzione a questo mondo affascinante. Modulare i due tipi di timbro proposti sarà come usare un pennello per colorare la tua voce e darle le sfumature, in questo caso, dell'entusiasmo o dell'autorevolezza. Possono essere ottenuti imitando e "cavalcando" delle funzioni del tutto naturali.

Il primo dei timbri da riprodurre tende al sorriso, il secondo allo sbadiglio. Questa scelta ti permette di muoverti su due modalità importanti: quella dell'entusiasmo e quella dell'autorevolezza. Tieni conto che ciò che stiamo per esaminare incide sul timbro vocale in termini di sfumature; se si vuole un effetto marcato, si deve ricorrere anche agli altri parametri. Nel caso dell'autorevolezza, ad esempio, per avere maggiore incisività, si deve agire anche sull'intonazione, sul ritmo e sulle pause, come vedremo di seguito.

Potrai eseguire questi giochi con facilità perché fanno riferimento a gesti familiari e quotidiani: ridiamo tutti i giorni e tutti i giorni, di solito, almeno una volta, sbadigliamo. Ti raccomando di essere molto prudente e di fare tutto con grande dolcezza; devi rimanere nell'ambito del comfort e fare gli esercizi proposti senza nessuno sforzo.

Simulando il riso, si aumenta la risonanza nelle cavità più alte della gola e del cranio, oltre a tonificarne l'atteggiamento muscolare, e quindi si ottiene una voce più proiettata, nitida e squillante. Se vogliamo manifestare entusiasmo, possiamo imprimere alla gola, e quindi alla voce, un atteggiamento sorridente. Se invece vogliamo esprimere maggiore autorevolezza, dobbiamo cercare una maggiore "profondità". Possiamo quindi, senza essere teatrali né caricaturali, rivolgere la nostra attenzione verso lo sbadiglio, per ottenere una maggiore ampiezza della gola e quindi e un suono più profondo.

Ma procediamo per gradi. Aiutandoti con uno specchio, assumi un'espressione sorridente, quindi inizia a leggere un testo qualsiasi mantenendo il sorriso con convinzione per tutta la durata della lettura. Cerca il più possibile di non variare l'intonazione, mentre lo fai, in modo da concentrare il più possibile l'esercizio sul parametro del timbro. Per esercitarti puoi utilizzare queste frasi: «Se vuoi costruire una nave, non devi dividere il lavoro, dare ordini e convincere gli uomini a raccogliere la legna; devi invece insegnare loro a sognare il mare, aperto e sconfinato». Oppure: «La consapevolezza è la madre di tutti i cambiamenti».

Può essere utile, anche stavolta con l'aiuto dello specchio, simulare lo sbadiglio vocalizzandolo un paio di volte con delicatezza prima di leggere, cercando poi di estenderne la posizione su tutta la lettura prescelta. È utile anche esercitarsi a vocalizzare gli sbadigli quando si presentano spontaneamente, nella quotidianità, in modo da acquisire maggiore consapevolezza di ciò che succede alla gola mentre lo si fa.

È importante che tutto accada con morbidezza ed elasticità evitando di dare la sensazione, come dicevo, della caricatura o dell'esagerazione. La tua voce rimarrà naturale e non artefatta, amplificherà semplicemente delle sfumature delle quali, fino a oggi, non eri consapevole.

Ti è mai capitato, durante uno tuo speech, di avvertire che il **ritmo** del tuo parlato acceleri o rallenti improvvisamente? Ti sei chiesto se questo è funzionale alla comunicazione? In altre parole, è meglio essere lenti o veloci, nel parlare? Dipende dai casi, naturalmente. Gli esperimenti condotti finora hanno dimostrato che la velocità promuove, ad esempio, la vendita. Perciò, non solo i venditori che parlano più velocemente mostrano una persuasività più alta ma gli ascoltatori risultano anche più attenti se chi parla è veloce. Pare che una maggiore velocità sia inconsciamente associata a una maggiore intelligenza/preparazione.

Parlare di velocità a proposito di voce, significa parlare di ritmo. Il ritmo consiste nel ciclico ripetersi dell'evento sonoro; nel caso della voce corrisponde al numero di sillabe o parole pronunziate nell'unità di tempo. Attraverso il ritmo possiamo decidere se trasmettere emozioni/sensazioni diverse, quali entusiasmo, rilassamento o ancora autorevolezza. Ritmi troppo lenti per tempi troppo lunghi, ad esempio, sono da evitare; possono infastidire o essere soporiferi.

Tutto, naturalmente, dipende dal contesto e dall'obiettivo che si intende raggiungere. In generale, e semplificando, si può dire che più aumentiamo il ritmo, il numero di parole dette nell'unità di tempo, più eccitiamo il nostro interlocutore. Quindi è evidente che emozioni come la gioia e l'entusiasmo debbano essere supportate da un discorso fatto con un ritmo brillante.

SEGRETO n. 9: ritmi veloci di eloquio sono adatti a trasmettere entusiasmo, dinamismo e motivazione, purché siano usati in modo armonico e ordinato, non concitato e ansiogeno; i ritmi lenti, al contrario, trasmettono autorevolezza e determinazione.

Una curiosità: c'è persino chi ha misurato la velocità ideale! Da uno studio di Elizabeth Adams e Robert Moore, realizzato nel 2007 negli Stati Uniti – per cui ci riferiamo all'inglese americano – è emerso che la velocità ideale è quella tra 162 e 202 parole al minuto. Naturalmente non è necessario parlare "contando" le parole che pronunciamo in un minuto; l'obiettivo sarà quello di avere padronanza del ritmo in modo tale che, modulando velocità diverse, si possa imprimere incisività al discorso. Come fare? Allenamento, allenamento e ancora allenamento.

Una buona partenza è rappresentata dagli esercizi che scoprirai tra poco; prima, però, parliamo delle pause. Ascoltando la musica classica (o anche pop, moderna), potresti percepire che le pause sono grandi portatrici di emozioni. Pensa ad esempio a *Nel blu dipinto di blu*, meglio nota come "Volare", con cui Domenico Modugno ha emozionato e continua a emozionare tutto il mondo. Varietà e semplicità sono tra gli ingredienti del suo successo. I cambiamenti di ritmo e le pause di questa canzone la rendono frizzante, divertente e originale, comunicano gioia e poesia seppure con grande semplicità.

Le pause sono in effetti molto importanti. In un discorso, sono quegli attimi in cui il suono vocale non è presente. Quanto possono rafforzare ciò che hai detto? Scopriamolo insieme. Il nostro obiettivo sarà quello di farti appropriare della forza delle pause, considerate non solo spazi vuoti ma strumenti per rendere maggiormente incisivo il tuo stile di comunicazione. Quando riuscirai a guardare il tuo interlocutore negli occhi senza provare preoccupazione o imbarazzo, senza avvertire la necessità di riempire quello spazio, ma concentrandoti su quello che vi state dicendo, la pausa diventerà un momento molto espressivo, e avremo raggiunto lo scopo.

Per cominciare, fa' in modo che la pausa possa essere tale. La prima cosa che ti chiedo di fare da oggi in poi è di lasciare che le tue pause siano veri e propri silenzi, quindi evita di riempirle di "eh..." "mmh..." "oh" e altri suoni insensati.

SEGRETO n. 10: i suoni riempitivi manifestano insicurezza da parte del parlante e tolgono potere alle pause.

Da oggi puoi allenarti a equiparare questi suoni insensati alle parolacce. Questo singolare stratagemma sembra funzionare alla grande, provalo! Dopo esserti allenato a "pulire" le pause dai "suoni riempitivi" senza senso, impara a usare il silenzio in modo strategico. La funzione strategica delle pause è essenzialmente quella di creare suspense o rafforzare, sottolineare, in un certo senso ciò che si dice. Dopo un'affermazione, si può far seguire qualche attimo di silenzio in cui, però, si mantiene il contatto oculare con il proprio interlocutore o con la platea.

La pausa può essere utilizzata anche per far sì che la persona o che i nostri interlocutori maturino i contenuti che abbiamo appena espresso; se stai parlando con delle persone che non conoscono la tua materia e alle quali devi spiegare dei concetti nuovi, è opportuno che tu faccia delle pause. Darai ai tuoi ascoltatori la possibilità di fare una breve riflessione su ciò che hanno appena sentito.

Ricapitolando, usiamo le pause per i seguenti scopi:
- creare suspense prima di un'affermazione importante;
- lasciare comprendere e assaporare ciò che si è detto, facendo una pausa alla fine di un'affermazione;
- stimolare qualcuno a rispondere a una nostra domanda.

Esempio (// = pausa lunga 2-4 secondi): *Le persone che progrediscono nella vita sono quelle che si danno da fare per trovare le circostanze che vogliono // e se non le trovano // le creano.* Attenzione alle dosi: le pause non devono essere eccessivamente lunghe o frequenti.

Esercitare il ritmo
Per esercitarti a padroneggiare il parametro del ritmo, innanzitutto prendi consapevolezza del tuo ritmo "naturale". Registra una tua conversazione (anche telefonica, purché avvenga in un contesto in cui ti esprimi in modo naturale, abituale). Riascoltandola, ti renderai conto di qual è il tuo ritmo "standard".

Ti suggerisco di tenere in considerazione come campioni i messaggini WhatsApp che hai inviato fino a oggi. Tieni conto del fatto che, in quel caso, l'interlocutore non può interagire direttamente con te.

Quindi scegli un testo qualsiasi (il brano di un libro, un articolo di giornale ecc.) oppure prova a immaginare di avere davanti un interlocutore immaginario o un cliente a cui devi realmente parlare di qualcosa e digliela. E mentre leggi o parli, come nel secondo caso, registra. Tutto questo, fatto con naturalezza, ti aiuterà a individuare, più o meno, il tuo ritmo naturale.

Il passo successivo sarà ascoltare la registrazione per poi ripetere l'esecuzione più volte a un ritmo sempre più veloce. Se vuoi fare un esperimento interessante, prova a usare il software "Audacity" per aumentare artificialmente la velocità; è facilmente scaricabile in modo del tutto gratuito e sicuro.

Ora puoi passare all'applicazione sul campo, simile a quella che abbiamo fatto per altezza, intonazione e volume. Prima devo ricordarti che un ritmo di eloquio efficace deve essere tendenzialmente costante e ordinato; immagina di seguire il ticchettio di un metronomo. Certo, puoi accelerare, rallentare o fermarti, ma in tutto questo cerca di "andare a tempo" come se fossi il musicista di un'orchestra; il caos non depone bene, infatti.

Cominciamo:
- *1° giorno*: usa stabilmente un ritmo lento in un incontro/contesto "facile". In questo caso, "lento", "medio" o

"veloce", sono termini relativi a ciò che tu vivi come ritmo tuo naturale.

- *2° giorno*: tempo medio.
- *3° giorno*: tempo veloce.
- *4° giorno*: nota il ritmo degli altri e imitalo.

Per quanto riguarda le pause, prova a inserire nei tuoi discorsi 3 pause al giorno; fallo prima di dire qualcosa di importante o di complesso per il tuo ascoltatore. La pausa deve durare almeno 3 secondi fatti di assoluto silenzio, contatto oculare e di un respiro profondo e silenzioso che ti aiuti a percepire il "qui e ora", presenza e concentrazione (concetti di cui, tra poco, ti dirò di più).

Grazie a questi esercizi sarai in grado di modulare le molteplici potenzialità del ritmo e delle pause che, insieme agli altri strumenti che stai acquisendo, ti daranno una grande incisività.

Puoi anche esercitarti a contare da 1 a 200, o più, aiutandoti con il ritmo scandito da un metronomo virtuale (che puoi scaricare facilmente in rete); settalo su un tempo lento (50 bpm) e conta seguendo ogni battito con un numero, aumentando poi gradualmente la velocità. Ricordati di pronunziare ogni numero con la massima precisione; ciò avrà la funzione ulteriore di migliorare l'udibilità della parola. Sulla pulizia della parola, ritorneremo tra poco.

RIEPILOGO DEL CAPITOLO 2:

- SEGRETO n. 5: l'uso consapevole dei singoli parametri vocali è determinante per trasmettere i propri contenuti in maniera incisiva.

- SEGRETO n. 6: è consigliabile che la voce non permanga troppo in nessuna delle tre aree dell'intonazione (grave / media / acuta), per evitare di essere monotona o infastidire.

- SEGRETO n. 7: una voce autorevole, maschile o femminile che sia, ha il suo "baricentro" nelle frequenze gravi.

- SEGRETO n. 8: per conquistare e mantenere la leadership bisogna sviluppare un volume vocale tale da essere percepiti nettamente, trasmettendo energia e sicurezza, senza eccedere.

- SEGRETO n. 9: ritmi veloci di eloquio sono adatti a trasmettere entusiasmo, dinamismo e motivazione, purché siano usati in modo armonico e ordinato, non concitato e ansiogeno; i ritmi lenti, al contrario, trasmettono autorevolezza e determinazione.

- SEGRETO n. 10: i suoni riempitivi manifestano insicurezza da parte del parlante e tolgono potere alle pause.

Capitolo 3:
Come trasmettere chiarezza

Oltre alle qualità che sono direttamente collegate al suono in quanto tale, cioè i parametri vocali, di cui abbiamo parlato ampiamente nel capitolo precedente, avevo accennato ad altri due aspetti molto importanti: la dizione e la scansione. Questi ultimi due fattori concorrono a rendere il suono vocale, e quindi il parlato nel suo insieme, perfettamente intelligibile.

Adesso che sai come rendere questa materia, ovvero il suono vocale, funzionale e gradevole, è giunto il momento di dargli una perfetta definizione. Di questi due fattori, privilegeremo il secondo, ovvero la scansione, per motivi di ordine strategico che sto per spiegarti.

La dizione è il modo in cui vengono articolati i suoni che compongono una lingua. La vera e propria pronunzia delle parole è oggetto dell'ortoepia; la dizione studia anche come vengono articolati i suoni che formano le parole e, in generale, la fisiologia della produzione del linguaggio orale.

Cosa fa uno studente di dizione? Prende come riferimento la pronunzia "ideale", diciamo, la pronunzia "standard" di una lingua e si allena a parlare rispettandone accuratamente tutte le regole. Gli attori teatrali, gli speaker, i doppiatori hanno una buona dizione alla base della loro professionalità. Naturalmente, anche un oratore o un venditore desiderano pronunciare parole chiare, comprensibili, precise ed è vero che per raggiungere l'obiettivo di un'ottima intelligibilità è utile anche una buona pronunzia.

A questo punto forse penserai che questo coincida con una dizione perfetta. Una buona dizione di certo aiuta anche l'oratore, che però, a mio parere, deve curare principalmente un altro aspetto della pronuncia: la scansione.

SEGRETO n. 11: una buona scansione permette all'ascoltatore di distinguere una parola dall'altra a beneficio della chiarezza del parlato; ciò che manca da questo punto di vista

probabilmente verrà percepito come scarsa chiarezza non solo di pronunzia, ma anche di idee.

Ti consiglio quindi di concentrarti sulla precisa e chiara sillabazione della parola, superando, a meno che tu non abbia una qualche specifica esigenza, le regole della dizione. Questo vuol dire, ad esempio, che per te è prioritario pronunziare le parole dall'inizio alla fine, articolandole con precisione ed evitando di diminuire il volume o di troncarle.

Per ciò che riguarda la scansione, ovvero la precisione con cui dici le cose, voglio subito regalarti due esercizi semplicissimi, basati sugli effetti sorprendenti dell'iper articolazione, ovvero l'articolazione esagerata.

1° Esercizio
Mettiti davanti allo specchio con il testo che devi leggere e inizia a scandirlo il più chiaramente possibile, articolando con precisione le parole in totale silenzio e aumentando vistosamente i movimenti di mandibola, lingua e labbra. Questo esercizio va ripetuto

preferibilmente davanti a un interlocutore ignaro di ciò che stai dicendo per verificare che il labiale e l'articolazione aiutino veramente il tuo interlocutore a capire ciò che stai dicendo. Quando l'interlocutore avrà chiarezza senza che tu emetta suono, soltanto con il labiale, significherà che hai acquisito, in parte, una buona scansione.

2° Esercizio

Leggi un testo con la massima precisione possibile, tenendo con delicatezza una matita tra i denti. Appena avrai finito la lettura, ripetila immediatamente senza matita e vedrai come i muscoli iperattivati della mandibola e della lingua saranno sollecitati da questo lavoro. Ti sorprenderà sentire come parlerai scandendo le parole con maggiore precisione!

Fai questi esercizi una volta al giorno per tre giorni. Per ciò che riguarda la riconoscibilità, spesso si può verificare che le parole non vengano pronunciate per intero, ma che si tenda a lasciarle un po' a metà.

SEGRETO n. 12: pronunzia le parole sempre per intero, senza trascurare nessuna lettera.

A essere maggiormente penalizzate sono le parole che finiscono con una vocale, quindi la maggioranza. Per evitare questo inconveniente, ti suggerisco di usare un piccolo espediente. Immagina di far finire parte le tue parole con una "mezza P". Con questa originale definizione intendo che bisogna aggiungere una "P" alla fine delle parole, senza però pronunciarne la parte, per così dire, "esplosiva", quindi senza schiudere le labbra per renderla effettivamente udibile. Questo ti obbligherà a pronunciare la parola per intero e con precisione.

Riprendendo l'argomento "dizione", è vero, comunque, che gli errori macroscopici vanno corretti, poiché ne va dell'intelligibilità della voce. Tutti noi parliamo un italiano più o meno condizionato da abitudini "particolari", derivate da usanze regionali, familiari ecc. Sappiamo anche che ogni parola ha una precisa pronunzia prevista dal dizionario italiano, che può aiutarci a chiarire ogni dubbio. A tale proposito ti suggerisco di consultare il DOP online, dizionario di ortografia e pronunzia, risorsa valida e assolutamente gratuita, che in molti casi ti dà anche la possibilità di ascoltare la parola ricercata.

Le aree maggiormente interessate, per così dire, dalla dizione, sono le vocali "e" e "o", che possono essere aperte o chiuse. Citiamo a titolo esemplificativo la "é" di "pésca", quando ci si riferisce all'attività del pescare e la "è" di "pèsca", riferita al frutto. Qui, e in qualche altro caso, possiamo notare che il significato della parola è totalmente diverso. Analogamente, ad esempio, la "ò" aperta di "ròsa" (fiore e nome) e quella chiusa di "rósa" (verbo rodere). Altri elementi da segnalare sono le consonanti: la "s" sorda (es. "asso") e la "s" sonora (es. "smetto"), o la "z" sorda (es. "pazzo") e la "z" sonora (es. "zig zag").

Altre imprecisioni sono dovute all'influenza dei dialetti. Ogni dialetto ha una sua musicalità, un andamento sonoro che contribuisce a creare un'inflessione tipica, a prescindere dalle parole dette. Quindi non ci riferiamo solo, ad esempio, alle consonanti raddoppiate dei sardi, alla "c" aspirata dei toscani o alle "d" che diventano "t" in alcune parlate meridionali. Lavorare sull'inflessione regionale presuppone piuttosto un concorso di azioni che qui elenchiamo:

- sull'intonazione della voce;
- sulla corretta pronunzia;
- sull'eliminazione di modi di dire caratteristici della regione di appartenenza.

Per mitigare l'influenza regionale del proprio parlato in modo efficace è necessaria, a mio avviso, la supervisione del coach. Parlo di "mitigare", poiché sostengo che l'accento regionale e le caratteristiche a esso collegate non vadano "soppressi" salvo, come dicevo, nel caso di alcune categorie di professionisti, come gli speakers. È umano, infatti, che un professionista della comunicazione lasci trasparire la sua provenienza, purché questa sia una "presenza discreta" e non inquini l'eleganza del parlato.

SEGRETO n. 13: un'inflessione dialettale pesante compromette l'eleganza e l'efficacia della comunicazione.

Sintesi e suggerimenti

Se ti fermi un attimo a riflettere, puoi notare come la tua concezione della voce adesso sia più completa. Ora è più semplice per te individuare eventuali aree di miglioramento. Ti suggerisco a tal proposito di concentrare l'attenzione principalmente su quelle aree che percepisci come carenti e fare su di esse un lavoro mirato, eseguendo l'applicazione quotidiana che ti ho suggerito.

Seguendo l'elenco che segue, quali dei punti indicati credi di dover sviluppare per migliorare la tua efficacia nella comunicazione?
a) Volume.
b) Altezza o intonazione.
c) Timbro.
d) Ritmo.
e) Scansione.
f) Dizione.
g) Inflessione.

Hai completato le esercitazioni quotidiane che ti ho suggerito? Se sì, avrai certamente acquisito più precisione e fluidità nell'area, o

nelle aree, che desideri migliorare. A questo punto possiamo riassumere quanto appreso in questo capitolo; rivediamo come sia possibile attrarre e mantenere l'attenzione usando i punti d'appoggio che la conoscenza della leva tecnica ci ha fornito:
- Sì alla varietà, no alla monotonia.
- Coerenza tra voce e testo attraverso la giusta espressività.
- Massima chiarezza attraverso una scansione precisa e una dizione comprensibile.

Per raggiungere questi obiettivi:
- usa tutte e tre le aree dell'intonazione grave, media e acuta;
- varia il volume;
- varia il ritmo;
- usa le pause strategiche;
- accenta correttamente le parole;
- scandisci con chiarezza le parole che pronunzi;
- imprimi emozioni a ciò che dici (potrai acquisire maggiori strumenti a tal fine successivamente, nell'ambito della leva spirituale).

È anche utile ricordare che, per trasmettere credibilità, è fondamentale un'intonazione che sia coerente con il testo. Intendo, riferendomi al discorso sulle emozioni e sui parametri vocali, che è necessario verificare che tra l'intenzione emotiva, il senso che desideriamo imprimere ai nostri discorsi e l'andamento del volume, dell'intonazione e del ritmo ci sia una perfetta congruenza. Per esempio, per esprimere e indurre entusiasmo, bisogna mantenere un'intonazione e un ritmo brillanti.

Registrando e riascoltando più volte puoi percepire facilmente se il senso e la motivazione dei tuoi discorsi sono percettibili; vuoi raccontare, chiedere, affermare o cos'altro? Prova a far ascoltare le tracce a più amici e parenti per comprendere se l'intenzione che desideri imprimere è realmente percettibile con chiarezza in ciò che dici, poiché talvolta le nostre percezioni ci ingannano.

SEGRETO n. 14: oltre a registrare e riascoltare in prima persona, condividi i tuoi esercizi con amici e parenti e accogli i loro feedback.

Abbiamo visto precedentemente come i manager che parlano bene delle loro aziende, ma fanno trapelare da lievi sfumature della voce una certa insicurezza, alla fine non vengano creduti dagli ascoltatori, dai giornalisti o dai potenziali investitori che siano.

All'oratore che esprime sicurezza vengono attribuite delle qualità importantissime ai fini della comunicazione e della persuasione, come ad esempio autoaffermazione, professionalità, talento per gli affari, energia, competenza e altre caratteristiche positive.

Il segreto della persona sicura, autorevole – ma, attenzione, non autoritaria – sta nel fatto che trasmette fiducia e ispira fiducia. Per trasmettere fiducia è utile aumentare leggermente la velocità (ritmo) e il volume rispetto al solito (non quanto una persona arrabbiata!) e fare pause brevi e rade.

SEGRETO n. 15: la voce di una persona sicura di sé non è quella insistente o implorante di chi ricerca l'approvazione degli altri (che, al contrario, è segno di dubbio), ma quella che possiede chiarezza (parole ben separate tra di loro),

scorrevolezza (poche e brevi pause "pulite") e melodiosità (variazioni piacevoli di intonazione).

I venditori di successo, ad esempio, producono frequenze di intonazione con più acuti e gravi rispetto agli altri; in altre parole, utilizzano una più ampia gamma di frequenze.

- *Per trasmettere entusiasmo*: varia spesso l'intonazione; mantieni il volume leggermente più alto del normale; usa una voce ricca e piena.
- *Per trasmettere autorevolezza*: mantieni una base grave; la voce carismatica è tendenzialmente grave.
- *Evita*:
  1. una voce "sospirata", che denuncia inesperienza e immaturità;
  2. una voce piatta, senza alti e bassi, che indica indolenza, depressione;
  3. una voce troppo acuta, che trasmette inconsistenza o eccessivo rigore;
  4. pause troppo lunghe che denotano dubbio e insicurezza;

5. una voce tremula, sussurrata, segnale di paura e sottomissione.

Alla fine di questo percorso e di questo argomento, desidero regalarti dei "modelli" di voce incisiva che racchiudono un po' tutte le caratteristiche esplorate finora. Ciascuno di essi racchiude in sé il "settaggio", la configurazione e l'applicazione di tutti i parametri vocali armonizzati insieme, al fine di creare una voce appropriata a esprimere 3 basiche emozioni o atteggiamenti vocali molto ricorrenti nel mondo della comunicazione professionale.

In essi troverai un condensato di tutto quanto abbiamo studiato. Potrai provare a ricalcarli, a imitarli, cercando anche di personalizzarli. Li pubblicherò a breve sulla mia pagina Facebook "Giuseppe Urzì Allenatore della voce", insieme alle precedenti tracce, in "ordine di apparizione".

Sono consapevole che ne esistano un'infinità, ma è anche vero che i 3 che seguono sono certamente i più frequenti e utili:
1. Gioia o entusiasmo (per motivare all'azione).

2. Autorevolezza (per rafforzare la propria leadership).
3. Cordialità (per consolidare le relazioni).

Test di revisione

Con le nuove consapevolezze acquisite finora, riprendi in mano carta e penna, e compila nuovamente il test.

- Domanda 1. Quanto ti piace la tua voce? Esprimilo con un numero da 1 a 5.
- Domanda 2. Descrivi in maniera essenziale: quale aspetto della tua voce desidereresti migliorare?
- Domanda 3. In che modo questo aspetto incide sulla qualità/efficacia delle tue relazioni?

1. --
2. --

----
3. --

Fatto? Scommetto che hai notato di avere una visione molto più chiara adesso. Hai conquistato un orecchio più addestrato a valutare la voce e una maggiore consapevolezza d'insieme riguardo all'argomento. Non è che l'inizio. Ora sei pronto a esplorare la seconda area di lavoro, quella della leva fisiologica.

RIEPILOGO DEL CAPITOLO 3:

- SEGRETO n. 11: una buona scansione permette all'ascoltatore di distinguere una parola dall'altra a beneficio della chiarezza del parlato; ciò che manca da questo punto di vista probabilmente verrà percepito come scarsa chiarezza non solo di pronunzia, ma anche di idee.
- SEGRETO n. 12: pronunzia le parole sempre per intero, senza trascurare nessuna lettera.
- SEGRETO n. 13: un'inflessione dialettale pesante compromette l'eleganza e l'efficacia della comunicazione.
- SEGRETO n. 14: oltre a registrare e riascoltare in prima persona, condividi i tuoi esercizi con amici e parenti e accogli i loro feedback.
- SEGRETO n. 15: la voce di una persona sicura di sé non è quella insistente o implorante di chi ricerca l'approvazione degli altri (che, al contrario, è segno di dubbio), ma quella che possiede chiarezza (parole ben separate tra di loro), scorrevolezza (pochi e brevi pause "pulite") e melodiosità (variazioni piacevoli di intonazione).

Capitolo 4:
La voce e il corpo

In questa sessione di lavoro, dedicata alla leva fisiologica, acquisirai gli strumenti per migliorare la tua respirazione e, di conseguenza, la tua voce. Scoprirai anche l'importanza dell'idratazione dell'apparato fonatorio, che renderà le tue mucose perfettamente umidificate per ottenere una gola e una voce "elastiche".

Ti parlerò inoltre del riscaldamento delle corde vocali e dei muscoli che le muovono. In ultimo apprenderai come sfruttare il fenomeno della risonanza per proiettare al meglio la tua voce. *Anche in questo caso, ti proporrò dei video e degli audio esplicativi che potrai trovare visitando la mia pagina professionale su Facebook "Giuseppe Urzì Allenatore della voce".*

Le corde vocali non sono sole nel processo di formazione della voce, ma sono supportate da una serie di muscoli che le aiutano a tendersi, accorciarsi, avvicinarsi, allontanarsi, a seconda della nostra volontà e del suono che desideriamo produrre. Questi muscoli, assieme ad altre parti del corpo coinvolte nella dinamica di produzione della voce, sono gli stessi che agiscono durante il processo della respirazione; ecco perché per ottenere una buona qualità di voce bisogna avere padronanza della respirazione.

Come tutti sappiamo, la respirazione si svolge in due fasi: inspirazione ed espirazione. La voce è frutto del flusso espiratorio che, uscendo dai polmoni e attraversando la trachea e poi la laringe, incontra le corde vocali in essa contenute; da questo incontro nasce il suono vocale.

L'aria espulsa dai polmoni, infatti, con l'ausilio dei muscoli dell'addome e del torace, investe le corde vocali che, a seconda della loro "configurazione" e della pressione applicata al fiato, producono un suono a una certa frequenza/volume. Attraversando le cavità di risonanza, cioè laringe e faringe, questo suono grezzo e piuttosto sgradevole, simile a una pernacchia, viene "colorato" e vestito di timbro: nasce così la voce. Infine, articolata da mandibola, palato, lingua, labbra e denti, la voce diventa parola.

Il segreto della respirazione ottimale, e quindi di una buona emissione vocale, è la naturalezza; è un'abilità innata: inspiriamo ed espiriamo istintivamente sin dalla nascita. È vero, tuttavia, che si può respirare in diversi modi. Tutto ciò che si deve fare per respirare bene è non complicare il naturale svolgimento di ciò che, come dicevamo, è perfetto e innato. Semplice, no? In realtà lo è solo in apparenza. Per raggiungere il nostro obiettivo dobbiamo "smontare" una serie di possibili abitudini scorrette involontariamente acquisite nel corso degli anni.

Proviamo ad aiutarci con un'immagine, quella delle onde che si infrangono sulla riva. A chi non è capitato di osservare il mare, stando seduto sulla spiaggia o dall'alto di una scogliera... sembra che respiri. Quanto è bello guardare questo suo eterno respiro, soprattutto quando è calmo! Pensa alla tua respirazione come a un processo naturale, lento, simile all'alternarsi ritmico delle onde.

Ora sei pronto per fare il secondo passo: imparare a respirare in maniera profonda, addominale, utilizzando prevalentemente il diaframma, più di quanto tu non abbia fatto fino a oggi.

SEGRETO n. 16: tutti sappiamo respirare utilizzando il diaframma, non tutti, però, ne siamo consapevoli; è importante sviluppare la consapevolezza di questo processo e controllarlo attivamente.

Il diaframma è un muscolo che fa parte del complesso sistema dei muscoli della respirazione, posto tra i polmoni e i visceri e saldato alle coste inferiori; è una membrana che controlla in maniera automatica questo vitale processo. Se la posizione del corpo è corretta, il diaframma si attiva automaticamente, in modo efficiente e senza bisogno di tecniche complicate; tutti i muscoli preposti, come tanti musicisti attenti alla bacchetta del direttore d'orchestra, iniziano spontaneamente e armonicamente ad agire.

Per attivare correttamente la respirazione in modalità profonda, diaframmatica, addominale, è necessario partire dalla posizione supina, quindi sdraiati, senza cuscino e con le braccia naturalmente allineate lungo il tronco. Questo esercizio è gradevolissimo e concilia facilmente il rilassamento e il sonno; quindi fallo prima di andare a dormire e ne otterrai benefici da ogni punto di vista.

Inizia concentrando la tua attenzione sul corpo, solo sul corpo. Lascia scorrere gli altri pensieri che interferiscono, anche se sono insistenti. Lasciali esistere ed evita di allontanarli volontariamente, perché si rafforzerebbero. Immagina che la tua attenzione sia un faro. Conosci l'occhio di bue, il faro che illumina con un preciso cerchio solo una persona sul palco? Bene, la tua volontà sarà quel faro. Illumina solo il tuo corpo, la tua percezione di esso e lascia esistere tutto il resto nel buio. Ascolta il tuo corpo, poi sposta l'attenzione sul respiro, apprezzane il ritmo... Inspira ed espira naturalmente. Noterai uno spontaneo rallentamento e un suo farsi profondo; è questo il momento di richiamare alla mente l'immagine del mare calmo di prima. Goditi questa pace, questa discesa verso le tue profondità, e prova a rallentare ancora il ritmo del respiro. Laggiù troverai sempre pace.

Adesso sposta il tuo faro virtuale sulla parte bassa dell'addome, a quella cintura di muscoli che circonda la zona che va dallo sterno al pube e che avvolge anche la schiena. Rilassala sempre di più e fa che segua il respiro. Puoi agevolare il processo aiutandoti con una leggera pressione della mano sull'ombelico in fase di svuotamento, successivamente apprezzando questa zona della "pancia" venire in su, mentre il fiato entra.

Frattanto, lascia inerte la parte alta del torace e ancora favorisci prima l'espansione dell'addome in fase inspiratoria, poi il suo rilassamento in fase espiratoria. Accadrà tutto naturalmente, con un po' di pazienza e di rilassamento. Devi solo contemplare questo ritmo, che diventa sempre più lento, e trascurare tutto il resto. I pensieri, anche i più insistenti, rimarranno sullo sfondo, semplicemente per il fatto che focalizzerai la tua attenzione sul respiro e sulla più pura presenza di te stesso.

Fa' questo esercizio la sera prima di addormentarti, così non dovrai cercare altro tempo. Fallo per tre sere di seguito, o comunque finché non verrà fuori un respiro addominale morbido, con l'addome che si gonfia e si sgonfia facilmente, grazie al dilatarsi dei polmoni che spingono il diaframma profondamente e quest'ultimo che spinge i visceri in fuori. Accadrà, è un processo automatico che va solo aiutato.

Una volta che avrai ottenuto questo respiro profondo, addominale (diaframmatico per intenderci), passerai a una seconda fase, ossia la connessione bilanciata del fiato con le corde vocali: l'attacco del suono. Ti propongo alcuni esercizi che ti porteranno naturalmente a usare il giusto fiato nel parlato.

1. Connetti al fiato in uscita una "F"
In fase di espirazione, fai uscire l'aria producendo una "F"; la otterrai accostando i denti alle labbra. Produci un flusso uniforme e costante. Infatti, se educherai il flusso del fiato a essere costante e bilanciato, anche la voce che ne scaturirà avrà le medesime caratteristiche.

Lascia sempre una piccola riserva di fiato, non emetterlo tutto, cioè non svuotare i polmoni completamente. Questo ti lascerà in una piacevole condizione di comfort ed eviterà di farti percepire l'urgenza di respirare. Dobbiamo rendere questo comportamento automatico: il comfort della ricca e pronta disponibilità di fiato, è la sensazione che dovrebbe accompagnare ogni oratore durante le sue performance.

Quindi adesso inspira normalmente, ma espira nella modalità sopra descritta. Inoltre, lascia una piccola pausa tra inspirazione ed espirazione. Esercitati per qualche giorno, finché non avrai acquisito scioltezza, quindi passa al punto seguente.

2. Connetti alla "F" una "A"
Dopo aver emesso per alcuni istanti la "F" – circa tre secondi senza interrompere il fiato – fai seguire alla F una A, come per dire "ffffaaaa" ed emetti questo suono, fino a esaurimento del fiato, conservandone sempre una piccola riserva.

Ripeti l'esercizio per tre volte. Concediti un po' di tempo, ma sii costante, i risultati arriveranno dopo alcune serie di esercizi. Se puoi, trasforma questi esercizi in una piacevole abitudine serale.

Appena anche questa modalità sarà fluida, uniforme e naturale, passerai alla tappa successiva.

3. Connetti alla "F" una breve sequenza numerica

In pratica, devi pronunziare "fffunoduetre" e continuare fino a esaurimento del fiato, o quasi, come dicevamo. Non interrompere il fiato in nessun punto; a partire dalla "F", tutto un fiato fino all'ultimo numero, per poi inspirare di nuovo e cominciare da capo.

Potresti provare dei leggeri capogiri a causa dell'aumento di ossigenazione; è normale. Se ti succede, fermati per un po', non insistere. Si tratta di processi efficaci e profondi che però devono avvenire con gradualità.

Appena avrai ultimato il processo descritto, ripetilo in ogni sua fase, prima da seduto, poi in piedi. Quando ripeterai l'esercizio, seduto e poi in piedi, per essere sicuro che lo stai eseguendo correttamente, verifica attraverso la "prova del 9": metti le mani sopra le anche, appena sotto ai fianchi; noterai che inspirando l'addome tende a gonfiarsi ed espirando a sgonfiarsi. Anche qui puoi fluidificare il processo: inspirando dilata l'addome spingendo verso le mani che hai posto ai fianchi, espirando esercita una leggera pressione (con le mani) come per rimandare tutto indietro.

L'obiettivo di tale processo è acquisire una scioltezza tale da trasformarlo in un vero e proprio automatismo durante le conversazioni quotidiane. Ecco perché ti suggerisco di sperimentarlo in modo graduale, in brevi telefonate o colloqui, fino a estenderlo a qualsiasi contesto.

SEGRETO n. 17: ricorda di respirare attivando prevalentemente la parte addominale e di non arrivare MAI a far esaurire il fiato tra una frase e l'altra; lasciane sempre una piccola riserva; respira sempre prima di sentirne il bisogno: questi accorgimenti ti aiuteranno a ottimizzare il processo respiratorio e fonatorio, cioè di produzione della voce.

Conoscere e gestire la dinamica respiratoria aumenta la capacità di trasformare anche gli stati d'animo. Ogni stato d'animo è caratterizzato da una modalità di respirazione. Il respiro influenza lo stato d'animo e viceversa. Queste riflessioni saranno ampliate nel capitolo dedicato alla leva spirituale.

Riscaldamento e idratazione

Parlare in pubblico è come un'attività sportiva: ci vogliono fiato, resistenza ed elasticità muscolare, di conseguenza è necessaria una preparazione atletica adeguata. Se la voce è invisibile, com'è possibile allenarla atleticamente? Non solo è possibile, ma è necessario. Dobbiamo rivolgere la nostra attenzione ai muscoli che partecipano alla produzione vocale e agire su di essi.

La produzione vocale è frutto dell'attività sinergica di più muscoli: i muscoli dell'addome, quelli del torace e quelli della laringe, ovvero i muscoli intrinseci delle corde vocali e quelli che concorrono al funzionamento delle stesse.

SEGRETO n. 18: i muscoli sono più efficienti se vengono riscaldati; il riscaldamento infatti ne aumenta elasticità e resistenza.

Lo sperimentano gli sportivi, ma anche i cantanti preparano la loro voce alle performance con specifici esercizi di riscaldamento. Il riscaldamento ideale, anche per il solo utilizzo della voce, dovrebbe coinvolgere leggermente anche il resto del corpo. A questo scopo sarebbe utilissima una passeggiata di 5 minuti a ritmo sostenuto. Per ciò che riguarda direttamente la voce, ti propongo alcuni esercizi speciali per il riscaldamento del distretto muscolare vocale. Ce ne sono davvero tanti e assolvono a varie funzioni. Per comodità ne ho scelti due, semplici e molto efficaci. Sceglierai tu di volta in volta il più adatto alle tue esigenze.

1. Il primo esercizio consiste nel cantare una canzone in maniera sommessa e a bocca chiusa, senza sforzarsi. È utile optare per un motivetto poco impegnativo che conosci bene e che ti piace canticchiare: questo ti aiuterà a coordinare voce, mente ed emozioni. Puoi cantarne un pezzo di 30 secondi e poi farne altrettanti di riposo. Canticchia per un totale di 4-5 minuti, in maniera morbida, fluida ed elastica e lasciati andare a sensazioni di piacevole comodità della voce.

2. L'altro esercizio, più tecnico, più incisivo, richiede un po' più di impegno, ma più o meno il medesimo tempo. Va fatto 10 minuti prima dello speech. Consiste nel legare, sempre a bocca chiusa, due note, procedendo dalla più grave alla più acuta. Parti dall'intonazione vocale che usi solitamente per parlare, o comunque da note medie e, via via, cerca di esplorare tutta la tua estensione. *Troverai degli esempi audio sulla mia* **pagina Facebook "Giuseppe Urzì Allenatore della voce"**.

Distribuisci l'esercizio in 5 minuti (escluse le pause), prendendoti 30 secondi di pausa per ogni serie. Anche in questo caso, morbidezza ed elasticità saranno le tue sensazioni-guida. Se incontri resistenza o rigidità della gola, interrompi e riprova dopo una pausa di 5 minuti, cercando di applicare maggiore elasticità. I progressi verranno gradualmente, perciò evita di insistere se non ne vedi nell'immediato; attieniti sempre ai tempi e alle modalità consigliate.

In caso di mal di gola, tosse, raucedine, raffreddore, influenza o affini, ti sconsiglio di eseguire gli esercizi. È anche vero che se è indispensabile affrontare uno speech se si sta male, insieme con gli accorgimenti del caso, è consigliabile riscaldarsi un pochino la voce, ed è irrinunciabile idratare a fondo l'apparato fonatorio. *Sono sconsigliati inoltre, in caso di mal di gola e raucedine, spray o tinture in soluzione alcolica o altri prodotti che causino irritazione a livello locale. Preferire piuttosto prodotti emollienti e lenitivi.*

Il lavoro vocale provoca surriscaldamento e disidratazione. La gola (laringe e faringe) infatti è rivestita da mucose che si asciugano facilmente usando la voce, soprattutto in presenza di climatizzatori o riscaldamenti. La gola secca favorisce la fatica e le irritazioni; per interrompere o, meglio ancora, prevenire l'innescarsi di circoli viziosi fatica/sforzo, è importante fornire alla gola la giusta idratazione. Per idratarsi è utile bere almeno un paio di litri d'acqua al giorno, o comunque bere frequentemente. Si parla di circa 8 bicchieri, ripartiti nell'ambito della giornata.

Le mucose dell'apparato fonatorio sono per loro natura molto ricche di liquidi ed è importante mantenerne stabile l'idratazione. Per fare questo non ti basterà bere, anche perché, quando beviamo, l'acqua non viene direttamente a contatto con le corde vocali (o comunque con l'area più critica). Queste, infatti, durante la deglutizione vengono coperte da uno "sportellino cartilagineo", l'epiglottide, che fa in modo da deviare l'acqua ingerita verso l'esofago, e quindi nello stomaco.

L'acqua bevuta, sebbene dia una certa sensazione di refrigerio, rifornisce l'organismo, ma non idrata direttamente e nell'immediatezza le corde vocali. Per idratare la gola e le corde vocali, ho preparato un esercizio molto semplice. Lo troverai al più presto pubblicato, in forma di video, sulla mia *pagina Facebook "Giuseppe Urzì Allenatore della voce"*.

La risonanza vocale

SEGRETO n. 19: una voce risonante ha senz'altro una marcia in più: comunica sicurezza, ispira fiducia, non annoia ed è udibile meglio della voce ovattata che, invece, non riesce a "proiettarsi".

Non tutti hanno il dono di avere naturalmente questo tipo di voce. A volte capita che, nonostante le migliori intenzioni e la buona qualità del messaggio, si emetta una voce insufficiente a colpire l'uditorio, perdendo rapidamente l'attenzione di chi ascolta. È possibile ottenere una voce risonante e ben proiettata? Sì, lo è. A questo proposito, è bene andare oltre l'intuizione e diventare pienamente consapevoli di cosa si intende per "risonanza".

La risonanza è la penultima fase del processo produttivo del suono vocale, a cui conferisce delle caratteristiche fondamentali, senza le quali una voce non sarebbe tale. La vibrazione generata dalle corde vocali si diffonde all'interno della laringe (qui prende corpo come suono indefinito), per poi passare alla faringe e alla bocca. Successivamente accade anche l'articolazione della parola, grazie all'intervento della lingua, dei denti e delle labbra. Oltrepassate le labbra, la voce completa, così come la conosciamo, giunge nell'ambiente esterno e quindi alle orecchie degli ascoltatori.

SEGRETO n. 20: rendere la voce risonante, corposa e luminosa è un processo che non ha nulla a che fare con la forza bruta.

Si tratta piuttosto di un lavoro simile alla ricerca della sintonia di una stazione radio, di un sottile gioco di forze elastiche che cercano armonia tra loro. Proverò con parole semplici, con metafore ed esperienze pratiche, a portarti al raggiungimento di questo equilibrio. La produzione vocale è un processo muscolare; nasce dalla respirazione, che è alimentata dalla tensione elastica dei polmoni, dei muscoli intercostali interni ed esterni e dal diaframma. Il flusso di fiato bilanciato e dosato che ti ho insegnato a produrre, uscendo dai polmoni, attraversa prima la trachea e poi la laringe, all'interno della quale, in un piano grande come una moneta, la glottide, sono allocate le corde vocali.

Queste sono una sorta di pieghe di mucosa contenenti strati di diversa natura, tra cui il vero e proprio muscolo vocale. Le corde vocali si chiudono sul fiato, accostandosi l'una all'altra come le labbra quando si vuole fischiare. *Anche questo esempio sarà presente entro breve tempo dalla pubblicazione di questo libro, sulla mia pagina Facebook "Giuseppe Urzì Allenatore della voce".*

Ecco il primo esercizio: prova a fischiare (senza usare le dita) e noterai che per ottenere un fischio gradevole e udibile non devi forzare. Vedrai che, istintivamente, le tue labbra produrranno una tensione elastica e naturalmente bilanciata. Se invece provi a forzare o a irrigidire le labbra o, ancora, a spingere più fiato del necessario, noterai che il fischio si dissolve.

Elasticità e flusso di fiato bilanciato, quindi, sono le condizioni ideali per la produzione di un suono potente. La forza, in questa dinamica, gioca sempre a sfavore, mi sembra chiaro. Questa esperienza può aggiungere molto alle sensazioni guida che possono portarti a un'emissione vocale morbida, elastica, potente e risonante. Come ottenere lo stesso effetto sulla voce? Ci stiamo avvicinando, preparati.

- **Esercizio 1**. Alterna la produzione del fischio (spontaneo non troppo acuto) a quella di una vocale, cercando di applicare lo stesso fiato e la stessa elasticità.
- **Esercizio 2**. Alterna tutte le vocali con lo stesso procedimento.
- **Esercizio 3**. Produci un suono a bocca chiusa e focalizzati sulle

vibrazioni che scaturiranno nell'area bocca/naso/faccia e prova, aprendo gradualmente la bocca, a proiettare l'energia e le vibrazioni della "m" ("mmm") su tutte le vocali, alternandole. Ricordati di imprimere energia solo sulla "m" e non sulla vocale.

- **Esercizio 4.** Fai la stessa cosa con un leggero sorriso a denti chiusi (non stretti, ma accostati); sentirai fluire le vibrazioni attraverso i denti. Quindi apri gradualmente cercando di far sì che le vibrazioni si trasferiscano al suono vocale.
- **Esercizio 5.** Usa stavolta le consonanti "ng" come propulsore; ti aiuteranno a sviluppare l'energia del palato molle che, come un tappeto elastico, proietterà il suono vocale. Produci quindi un "nngga", calcando leggermente le "n" e le "g" (e non la "a"); le consonanti "ng" ti aiuteranno a fare leva sulle vocali che produrrai, come spiegato nell'esercizio precedente.

Questi esercizi ti consentiranno di aumentare la tonicità della gola nel produrre la voce, sarà un po' come avere delle "molle in gola". Se li svolgerai con costanza, dopo un paio di settimane noterai dei benefici.

SEGRETO n. 21: **concentrati sull'idea di qualcosa da mettere a fuoco (quasi avessi in mano una macchina fotografica), piuttosto che sul raggiungimento di una forza o di una potenza vocale superiore.**

Il risultato finale sarà quello di ottenere maggiore corposità, smalto e capacità di proiezione del suono.

RIEPILOGO DEL CAPITOLO 4:

- SEGRETO n. 16: tutti sappiamo respirare utilizzando il diaframma, non tutti, però, ne siamo consapevoli; è importante sviluppare la consapevolezza di questo processo e controllarlo attivamente.
- SEGRETO n. 17: ricorda di respirare attivando prevalentemente la parte addominale e di non arrivare MAI a far esaurire il fiato tra una frase e l'altra; lasciane sempre una piccola riserva; respira sempre prima di sentirne il bisogno: questi accorgimenti ti aiuteranno a ottimizzare il processo respiratorio e fonatorio, cioè di produzione della voce.
- SEGRETO n. 18: i muscoli sono più efficienti se vengono riscaldati; il riscaldamento infatti ne aumenta elasticità e resistenza.
- SEGRETO n. 19: una voce risonante ha senz'altro una marcia in più: comunica sicurezza, ispira fiducia, non annoia ed è udibile meglio della voce ovattata che, invece, non riesce a "proiettarsi".
- SEGRETO n. 20: rendere la voce risonante, corposa e luminosa è un processo che non ha nulla a che fare con la forza bruta.

- SEGRETO n. 21: concentrati sull'idea di qualcosa da mettere a fuoco (quasi avessi in mano una macchina fotografica), piuttosto che sul raggiungimento di una forza o di una potenza vocale superiore.

Capitolo 5:
Come usare le risorse della mente

L'obiettivo di questo capitolo è quello di condurti a una condizione tale da far sì che tu ti possa confrontare con qualsiasi pubblico o interlocutore, in ogni contesto, affrontando e superando ogni disagio emotivo. Il problema più grande di chi parla in pubblico è un uso eccessivo della "mente razionale". Questa riesce certamente a creare degli equilibri momentanei ma, non appena le passioni diventano più intense, l'equilibrio si capovolge e le emozioni, anche quelle "negative", prendono il sopravvento.

Potrebbe essere molto utile per te, in questa fase, rivalutare ciò che ormai è consolidato negli ambienti della formazione, anche ad alti livelli: il mito della mente, la mente che controlla tutto. Il "controllo", quando si ha a che fare con il mondo delle emozioni, è un metodo rischioso e poco efficace.

SEGRETO n. 22: le emozioni non si controllano né si gestiscono; si accolgono, si ascoltano e quindi si trasformano e si canalizzano.

Le emozioni sono energia e l'energia si può solo trasformare in qualcos'altro. Riprenderemo questo argomento tra poco. Adesso è importante concludere la parentesi sulla mente. Trascorriamo le nostre giornate restando spesso vittime di grovigli di pensieri e spesso sono pensieri di "giudizio". La cosa peggiore che ti fa fare la mente è emettere giudizi; sul prossimo, apparentemente, ma più sottilmente su te stesso. I giudizi generano emozioni negative. Ecco la parte dannosa dei pensieri non focalizzati, lasciati al caos. Ecco i limiti della mente. Ecco da dove viene la bassa autostima che può far tremare le gambe in pubblico: dal giudizio.

Impossibile non giudicare... sei sicuro? Tra poco ti sorprenderò con un'alternativa molto più fruttuosa durante lo studio della *leva relazionale*. I pensieri devono essere strumenti di crescita e non di tortura, con cui bisogna creare un rapporto adeguato. Potresti obiettare che sono incontrollabili; ti risponderei di sì, spesso è così.

In realtà, i pensieri non sono il nostro obiettivo; quello che ci serve è puntare il faro dell'attenzione sulla nostra parte più profonda, lo spirito: quel fiume silenzioso che ci scorre dentro e ci fa capire che esistiamo, mentre i pensieri inutili, quelli ostacolanti e disfunzionali, resteranno presenti ma "in un angolo della sala" nella quale magari stiamo parlando davanti a un pubblico.

Da questo punto di partenza si può procedere verso altre conquiste spirituali. Riprendiamo dunque da ciò che abbiamo detto precedentemente a proposito dell'intelligenza emotiva, considerata la chiave del successo. La prima e fondamentale competenza da acquisire, nel percorso verso la stimolazione dell'intelligenza emotiva, è proprio l'autoconsapevolezza, il saper riconoscere le proprie emozioni.

Dicevamo che la tendenza a razionalizzare tutto riguarda moltissimo, nella nostra cultura, l'aspetto emozionale dell'individuo. Nelle educazioni rigide si viene formati a respingere le emozioni, a nasconderle agli altri e a se stessi. Siamo cresciuti con la convinzione, ad esempio, che un uomo vero non piange, che è vergogna mostrarsi fragili. Ma il paradosso è che è proprio l'incapacità di accogliere e riconoscere le emozioni a rendere le persone vulnerabili. Le persone forti non hanno paura di vivere le proprie emozioni, anzi. Esse sono un'immensa fonte di energie e di "potere".

Ti propongo di seguito una serie di suggerimenti semplici ed efficaci che ti aiuteranno a stabilire un migliore rapporto con le tue emozioni.

SEGRETO n. 23: accogli sempre ogni tua emozione; non soffocarla, non respingerla, altrimenti si ripresenterà intensificata.

Se provi un'emozione di qualsiasi natura, lasciala entrare come un ospite gradito e dalle un posto per vivere dentro di te indisturbata. Ascoltala, ha qualcosa di importante da dirti. Ti invierà degli impulsi ad agire; se ti serve, chiedile un po' di tempo. Il fatto che ti relazioni con lei la acquieterà, così potrai capire la sua storia e agire di conseguenza. Talvolta non si comprende subito perché si è tristi, angosciati, arrabbiati; quindi lascia pure che le emozioni alberghino in te. In questo modo si calmeranno e si riveleranno, il più delle volte. In caso contrario, accetta il mistero. Ciò ti renderà immediatamente meno vulnerabile. Il passo successivo sarebbe quello di imparare a trasformare le emozioni; anche quelle più scomode possono diventare potenti alleate. Ne parleremo, ma non in questa sede.

In estrema sintesi:
- predisponiti ad accettare e ad accogliere qualsiasi emozione;
- lasciale un posto dentro te;
- ascoltala e cerca di capire cosa vuole spingerti a fare/pensare.

Ciò ti darà del tempo in più per comprendere e per non agire troppo d'impulso, soprattutto in situazioni delicate. Questo primo importante passo, oltre a essere una declinazione dell'intelligenza emotiva, ti aiuterà a raggiungere la tua parte spirituale. Se poi riesci a usare lo stesso riguardo anche verso le emozioni degli altri, diverrai un gigante della comunicazione.

Stiamo scavando, rimuovendo strati superficiali del nostro essere, come la mente, per arrivare sempre più in profondità fino al nostro tesoro, la nostra parte spirituale: la sorgente della nostra vera essenza. Abbi ancora un po' di pazienza e comprenderai di più. Ti sarà capitato di pensare, vedendo un atleta, una pattinatrice, un acrobata o un musicista in azione: «È straordinario, sta eseguendo una performance difficilissima, ma sembra non accorgersene, anzi, sembra proprio divertirsi!»

È molto probabile che quell'atleta si trovi in uno stato di benessere, definito dagli studiosi "stato di flusso" che, nel gergo degli atleti stessi, è detto *"the zone"*, ossia la zona in cui l'eccellenza non richiede sforzo. Ebbene, dal momento che ogni oratore è un atleta, "la zona" sarà la tua prossima meta. Facendo leva sulle abilità spirituali che stai per apprendere, potrai spiccare il volo verso di essa. Seguimi!

Nelle pagine precedenti hai appreso un esercizio di respirazione da fare preferibilmente alla sera, durante la fase che precede l'addormentamento. È l'occasione in cui, profondamente centrato e rilassato, puoi rivivere ciò che hai fatto durante la giornata, puoi definire i tuoi obiettivi e pensare a come vuoi essere in una certa circostanza. Se conosci altre tecniche di meditazione, sarà utilissimo integrarle o completarle con ciò che imparerai tra poco. Quello che sto per dirti è qualcosa che non ha a che fare con nessuna religione... o forse con tutte?

In sintesi, gli stati di rilassamento profondi indotti, tra l'altro, dalla respirazione lenta e diaframmatica, ti aiutano a creare quella connessione con te stesso su cui si appoggia la nostra terza leva, la leva che, per praticità, chiameremo spirituale. Il termine "spirituale" potrebbe sembrare vago, poco concreto, troppo vasto. È importante, dunque, specificare in che senso lo useremo da ora in poi.

Intendiamo per spirituale semplicemente tutto ciò che non è fisico e che non riguarda la mente razionale, quello che genericamente chiamiamo "il nostro atteggiamento profondo nei confronti dell'esistenza". Questo processo di consapevolezza all'interno del quale ti sto guidando vuole in qualche modo circoscrivere l'Io.

Attenzione: l'uso del termine "Io" all'interno di questo discorso è del tutto personale; con esso intendo la parte razionale e giudicante della mente e non altri aspetti della personalità. Sì, è possibile mettere da parte l'Io. Naturalmente non possiamo eliminarlo, né sarebbe opportuno farlo, ma abbiamo la possibilità di farlo uscire momentaneamente di scena.

SEGRETO n. 24: quando comunichi in pubblico, impara a mettere da parte l'Io: è la parte più suscettibile all'ansia.

Torniamo all'immagine dell'atleta immerso nel flusso di benessere della sua "zona". L'individuo che si trova in uno stato di flusso ottiene prestazioni ai massimi livelli, non è mai preoccupato di fare bene ciò che sta facendo, non si preoccupa di avere successo o fallire. È semplicemente concentrato sul suo compito, per quanto difficile esso possa essere, e perde addirittura la cognizione dello spazio e del tempo. A guidarlo non è una motivazione razionale, né un'emozione ansiogena, ma puro piacere.

Ed è proprio questo piacere puro che diventa, esperienza dopo esperienza, la motivazione per eccellenza, la massima espressione dell'intelligenza emotiva. Nei giorni che precedono il tuo evento importante, quello durante il quale devi esporre i tuoi contenuti, inizia a prepararti a raggiungere questo stato di "flusso". Certo, è di fondamentale importanza che tu abbia messo a fuoco i contenuti da esporre; diamo quindi per scontato che questo aspetto sia già perfettamente consolidato.

L'esercizio che ti consiglio di fare, per raggiungere questo obiettivo, è semplice e potente. Ripeti a te stesso: «Io non esisto, io sono, io rappresento e incarno l'argomento, l'argomento che vado a raccontare e che conosco bene». Questa frase è straordinaria: ti dà la consapevolezza che le emozioni negative, le paure riguardano la mente e non il tuo sapere. Sarà l'argomento a parlare per te, è l'argomento che si rivela. Scoprirai in te una fonte che fluisce zampillante di entusiasmo. Ripetilo ogni volta che pensi razionalmente all'evento da affrontare e ancora, soprattutto direi, mentre scendi in quella fase di rilassamento serale, nella modalità già descritta in precedenza e che rivisiteremo tra poco.

Il tuo bisogno di essere riconosciuto, di essere gratificato, di essere approvato scompare, e con esso l'ansia da performance; non puoi avere paura di essere rifiutato perché tu sei l'argomento e l'argomento è quello che è e si rivela. L'argomento non ha opinioni, l'argomento è se stesso, non si sente a disagio se qualcuno fa rumore in sala, se qualcuno si distrae, esiste a prescindere da te che stai parlando e dalla persona che ascolta. Bene, questa strategia molto potente ti metterà nelle condizioni di essere veramente forte; chiaramente va usata in un contesto professionale, in altri contesti potrebbe essere fuorviante.

Ecco un altro esercizio utile, da fare anch'esso preferibilmente in fase di pre-addormentamento nei giorni che precedono l'evento in cui devi parlare pubblicamente. Scrivi una lista scegliendo le qualità che vuoi incarnare, ad esempio precisione, elasticità, entusiasmo e così via. Creata la lista cartacea di aggettivi funzionali alla tua immagine e alla valorizzazione dei contenuti (riferendoci all'evento), puoi portarla sempre con te, anche a letto. Ogni volta che deciderai di lavorare sull'evento, sull'incontro o sullo speech, rileggila.

Quindi ripeti – visualizzando il giorno e l'ora dell'evento, il contesto in cui ti troverai ecc. – quanto segue:

- Io non esisto.
- Io sono l'argomento, la materia.
- Io sono (ad esempio) entusiasmo.
- Io sono autorevolezza.
- Io sono precisione.

E così via... Attenzione: evita formule come "io voglio essere elastico"; "io voglio essere performante"; "io voglio essere incisivo", ma usa "io sono elasticità"; "io sono efficienza"; "io sono velocità" ecc. Il sé, o io, viene momentaneamente messo da parte. Naturalmente continuerà a esistere, ma la sensazione che avrai sarà molto potente e, allenandoti, riuscirai a parlare in pubblico in maniera davvero serena.

Alcune sere prima dell'evento, porta con te tutto questo in meditazione, in quello stato di rilassamento profondo in cui sei completamente concentrato sul respiro e su te stesso e in cui la folla dei pensieri è "nel buio della sala", mentre tu, con il tuo faro della consapevolezza, illumini ciò che desideri. Sarà utile ripetere questo esercizio anche poco prima dell'evento, da seduti, riservandosi un momento di privacy.

Se riuscirai a creare questi momenti di focalizzazione, lasciando fuori da te la ressa e il possibile caos che precede ogni evento, sarai assolutamente padrone della situazione, delle tue emozioni e di te stesso. Adesso che abbiamo chiarito qual è lo stato di consapevolezza in cui trovarsi per stare bene con se stessi e con gli altri, sto per svelarti il segreto per porre le relazioni, gli scambi umani, su un piano di massima efficacia.

Qual è la marcia in più, l'*X factor* degli uomini carismatici? «I venditori di successo, i politici, gli insegnanti e i leader religiosi sono probabilmente individui con un alto grado di intelligenza interpersonale». Howard Gardner, psicologo della Harvard School of Education, giunge a queste conclusioni negli anni '90 del Novecento, dopo anni di studi ed esperimenti.

«L'intelligenza interpersonale – continua Gardner – è la capacità di comprendere gli altri, le loro motivazioni, il loro modo di lavorare, scoprendo intanto come sia possibile interagire con essi in maniera cooperativa». Nel capitolo precedente abbiamo scoperto quanto sia importante formarsi un modello accurato e veritiero di se stessi e usare l'autoconsapevolezza che ne deriva, per imbrigliare le emozioni e agire efficacemente nella vita.

Ora sei pronto a conoscere il punto d'appoggio della leva relazionale: si tratta della capacità di entrare in empatia con chi ti ascolta. Acquisire questa abilità, farla passare attraverso il tuo parlato, aggiungerà carattere alla tua voce e la renderà davvero vincente. L'intelligenza interpersonale si costruisce coltivando l'empatia. Entrare in empatia vuol dire sintonizzarsi a livello emozionale con gli altri, comprendendone i sentimenti, le esigenze, gli interessi.

SEGRETO n. 25: un buon comunicatore è un buon costruttore di relazioni, un creatore di punti di contatto e connessione con l'altro.

Sa che per comunicare al meglio, sia in pubblico che in privato, deve costruire ponti con la persona che gli sta davanti. Lo psicologo americano Marshall Rosenberg tratta in modo straordinario l'argomento dell'empatia e dell'utilizzo empatico della comunicazione. Ha schematizzato una modalità di comunicazione che si chiama "comunicazione non violenta"; l'acronimo è CNV, da non confondere con Comunicazione Non Verbale.

Secondo la CNV, per comunicare in maniera empatica con una persona dobbiamo seguire mentalmente 4 passaggi. Questi passaggi sono delle tappe virtuali da seguire non necessariamente nell'ordine descritto.
- Evitare il giudizio.
- Esprimere i propri bisogni.
- Esprimere i propri sentimenti.
- Esprimere le proprie richieste.

Occupiamoci della prima tappa: evitare il giudizio. Giudicare è un'attività diffusissima, consolidata in noi ormai da millenni, che presenta molteplici forme e declinazioni, alcune delle quali apparentemente ingenue e innocue, ma in realtà subdole e pericolose.

SEGRETO n. 26: il giudizio inquina continuamente moltissime relazioni umane e persino il rapporto dell'individuo con se stesso, minandone pericolosamente l'autostima.

Si può pensare che il giudizio sia esclusivamente quello di rivolgere un insulto o una valutazione negativa a una persona o a un gruppo, un'etnia; in realtà c'è molto altro. La valutazione "oggettiva" di una persona, di un fatto o di un comportamento, sia in negativo che in positivo, è un limite.

Può suonare strano, lo so. Tuttavia, anche se esprimiamo un giudizio positivo rischiamo di creare reazioni impreviste. Ad esempio "è una brava persona" è un'espressione ambigua; infatti implica che si abbia coscienza e conoscenza di chi siano invece le persone "cattive" in assoluto, oppure quelle intelligenti, quelle generose, quelle altruiste ecc.

Citati questi esempi, alcuni dei quali magari insospettabili, riassumo qui di seguito quali sono le circostanze in cui, anche inconsapevolmente, esprimiamo un giudizio.

- Ogni volta che "valutiamo" una persona come: buona /cattiva, intelligente/sciocca, onesta/disonesta ecc.
- Ogni volta che giudichiamo un comportamento: ha sbagliato; è stato un maleducato; è stato disattento ecc.
- Ogni volta che diamo un consiglio non richiesto, ogni volta che diciamo a una persona la cosa "giusta" da fare; ad esempio, lascia il tuo ragazzo, vai da quel medico, lascia perdere quel tizio ecc.

Sono consapevole di quanto questo possa suonarti strano, essere in controtendenza, ma posso garantirti che solo evitando il giudizio in ogni sua forma fluidificherai le tue relazioni. Del resto, come si fa a essere sicuri che la propria valutazione coincida con una verità assoluta, ammesso che questa esista? Non ti puoi aspettare nulla di buono da chi subisce un'offesa, un giudizio e, a causa di questo, si piega alla tua volontà. Sarà capitato anche a te:

- Di sentirti dire di non fare una cosa.

- Di sentirti dire di non frequentare una persona.
- Di essere criticato per un tuo comportamento/idea.
- Di essere apostrofato con qualche aggettivo, insultato.
- Di ricevere un consiglio non richiesto.

In queste circostanze, probabilmente, ci sei stato veramente male e potresti aver provato un senso di ribellione interna. E se funziona così per te, cioè, se non ti predispone bene alla relazione, considera che probabilmente è così anche per gli altri. Perciò ti invito a passare a un livello di maggiore consapevolezza. Preparati.

Il giudizio, concetto che abbiamo esplorato finora, osservato da un altro punto di vista, può essere considerato una modalità distorta di esprimere all'altro diversi nostri contenuti. Per fare un esempio "digitale", possiamo paragonarlo a un file compresso, di quelli che spesso scarichiamo in rete. Scompattando questo file, ad esempio "sei disordinato", vi troviamo, come dicevo, 4 livelli di informazione:
- giudizio;
- sentimento;

- bisogno;
- richiesta.

La persona che si rivolge in questi termini, quindi, probabilmente ha in mente qualcosa del genere:
- una richiesta implicita all'interlocutore di rimettere in ordine un determinato ambiente;
- il bisogno che venga rispettato l'ordine negli spazi comuni;
- sentimento di disagio nel vedere frustrato questo bisogno.

Questo è un esempio molto comune nella quotidianità di una famiglia, in cui è la mamma che si fa carico di governare e rassettare la casa. Sfortunatamente, questo rimprovero, in generale, non porterà molto lontano. La persona che si sente apostrofata in questo modo, con il giudizio "sei disordinato", come dicevo, può reagire in svariati modi; i più frequenti potrebbero essere:
- accampare scuse;
- negare l'evidenza;
- passare al contrattacco portando la conversazione su un piano diverso;

- assorbire il colpo, subire l'offesa per poi riscattarsi in un secondo momento, più o meno consapevolmente.

Questo per il semplice motivo che "sei disordinato" è un giudizio, non una richiesta, né tantomeno l'espressione di un sentimento o di un bisogno, e come tale stimola solo reazioni poco desiderabili, anche se sul momento sembrerebbe regalare una "vittoria" a chi l'ha pronunziata. È solo apparenza. Starai di certo chiedendoti: non dovrò mica subire in silenzio? Cosa possiamo fare, dunque, per aggirare il giudizio e arrivare con maggiore efficacia al nostro obiettivo, mantenendo la relazione tendenzialmente sana?

Ti propongo una "trasformazione alchemica" che ti renderà molto, ma molto più incisivo e forte, oltre a farti probabilmente raggiungere lo scopo. Volendo sviluppare il dialogo precedente potresti sostituire "sei disordinato" con:
- Vedo che hai lasciato i tuoi calzini usati a terra, nel bagno (esprimendo non un giudizio, ma un'osservazione, un fatto inconfutabile).
- Ho bisogno di collaborazione (espressione di un bisogno).

- Mi sento infastidito dal disordine (espressione di uno stato d'animo).
- Ti chiedo il favore di mettere la biancheria usata nell'apposito contenitore (precisa richiesta).

Questa semplice sequenza in cui:
- il giudizio viene sostituito da un'osservazione oggettiva;
- viene espresso un proprio bisogno;
- viene condiviso il proprio stato d'animo;
- viene formulata una richiesta chiara;

diventa una spirale virtuosa che porta le relazioni verso una dimensione realmente empatica.

L'ulteriore vantaggio di chi padroneggia e applica questa modalità di comunicazione è che influenza anche gli altri a fare la stessa cosa, senza che essi abbiano realmente cognizione di cosa stia succedendo, né di cosa sia la comunicazione empatica o non violenta. Esprimendo un giudizio corri il rischio di irritare chi ti ascolta; sarà davvero difficile, invece, usando la CNV, che qualcuno possa accusarti di descrivere fedelmente un fatto oggettivo (soprattutto se riesci a essere davvero un cronista imparziale e a non esprimere alcun giudizio), né tantomeno di esprimere ciò che senti realmente o ciò di cui hai bisogno.

Certo, il discorso e l'argomento sono ben più ampi. Qui ne propongo semplicemente una sintesi e un prontuario per un'immediata applicazione, e cioè:
1. sostituire al giudizio l'osservazione;
2. esprimere e accogliere i sentimenti (propri e degli altri);
3. esprimere e accogliere i bisogni (propri e degli altri);
4. formulare precise richieste.

Il nostro percorso si chiude quindi con una sequenza di 4 azioni di cui l'ultima è "formulare una richiesta chiara". Ricordati che, prima di arrivare a ciò, devi tu stesso essere consapevole di cosa vuoi chiedere. Tieni bene in evidenza questo concetto, ti aiuterà tra poco.

Nell'articolare questa nuova modalità di relazionarti, potresti incappare in qualche clamoroso "autogol". Come mai? A volte si rischia, con le migliori intenzioni, di usare "la parola giusta al momento sbagliato". Sto per svelarti le migliori strategie per evitare di incappare nei principali "autogol" della comunicazione.

Strategia: *capacità di raggiungere obiettivi importanti predisponendo, nel lungo termine e con lungimiranza, i mezzi atti a tale scopo* (tratto da "dizionario italiano Correre della Sera"). Hai accumulato una grande quantità di nuove informazioni, strumenti e mezzi, in questo percorso, e potenzialmente sei capace di performance comunicative e relazionali di livello superiore rispetto a prima, sono pronto a scommetterci.

Tuttavia, è necessario conquistare un'ultima abilità: quella di saper distribuire le proprie risorse sul campo nel modo più efficace possibile al fine di raggiungere gli obiettivi. Basta poco per sciupare anche grandi risorse; a volte basta semplicemente fare le cose giuste nell'ordine sbagliato.

Cominciamo questo nostro percorso strategico fissando i "punti caldi" della strategia che vogliamo applicare.

- Mettere a fuoco il proprio obiettivo.
- Creare uno stato d'animo funzionale.
- Porsi le giuste domande.
- Creare i giusti presupposti alla comunicazione.
- Evitare parole o frasi killer.

Dalle Lettere a Lucilio di Seneca: «*Ignoranti quem portum petat nullus suus ventus est*» (Nessun vento è favorevole per il marinaio che non sa a quale porto vuol approdare). **Prima di iniziare la preparazione del tuo speech, intervento, incontro o altro, poniti una domanda molto diretta: qual è il mio obiettivo?** O meglio: cosa voglio ottenere dai miei interlocutori? Appena hai fatto luce su questo, puoi iniziare la tua preparazione strategica.

Può sembrare ovvio, ma spesso e volentieri non si sa ciò che esattamente si vuole ottenere da se stessi e dagli altri, soprattutto a lungo termine. Ti suggerisco inoltre di "portare a letto con te" qualsiasi proposito; trascinalo nei tuoi stati di rilassamento profondo serale e lì "rileggilo" più volte. Lavora sempre sul piano razionale e sul piano spirituale; questo ti darà maggiore sicurezza.

Adesso vorrei portare la tua attenzione su alcune domande che possono aiutarti ad ampliare ulteriormente la domanda primaria che ci ponevamo pocanzi: *cosa voglio ottenere dai miei interlocutori?* Ciascuna di queste domande ti porterà ad approfondire diversi aspetti della tua preparazione.

Cosa voglio dire? Qual è, di preciso, il nucleo del mio messaggio?

A chi voglio dirlo? Ovvero, chi sono i miei interlocutori?

SEGRETO n. 27: cerca di scoprire con largo anticipo tutto ciò che puoi sulle caratteristiche dei tuoi interlocutori; questo ti aiuterà a calibrare la tua modalità di comunicazione in modo perfetto.

Fra le caratteristiche vi sono:
- età;
- sesso;
- professione;
- provenienza geografica;

- estrazione sociale, status;
- interessi e hobby;
- tendenze politiche;
- orientamento religioso.

Perché voglio dirlo?
Per meglio dire: cosa vuoi ottenere dal tuo speech e dai tuoi interlocutori? Qual è il tuo obiettivo finale?

Come voglio dirlo?
Quale modalità di espressione devo usare? Che emozioni voglio suscitare? Come voglio che gli altri mi percepiscano? Voglio mostrarmi autorevole, cordiale, informale, professionale?

Questo processo concorrerà a creare nel tuo intimo una posizione solida e sicura. La domanda "come voglio dirlo" riguarda la creazione di presupposti funzionali rispetto all'incontro che si prospetta. Il concetto è semplice, cogliamolo con una metafora. Anche un pessimo quadro può essere valorizzato da una bella cornice, così come un bel quadro può essere penalizzato da una brutta cornice. Un incontro con grandi prospettive può essere inquinato da una cattiva atmosfera. Ma chi crea l'atmosfera dell'incontro, se non gli interlocutori stessi?

Si può guidare quindi consapevolmente l'attenzione dell'interlocutore o della platea su un evento o, meglio ancora, su una storia che crei l'atmosfera appropriata allo sviluppo dell'argomento che si propone. Lo si può fare raccontando fatti accaduti a noi o anche a terzi.

Quindi, prima di iniziare il nostro incontro, il nostro speech, possiamo cercare di convogliare l'attenzione di chi ci ascolta in una dimensione, in un'atmosfera consona ai nostri obiettivi evitando accuratamente, per contro, di evocare emozioni negative collegate ad esempio al traffico, alla situazione politica e ad altre simili amenità.

Quest'ultima eventualità potrebbe, come dicevo, inquinare l'atmosfera dell'incontro e diminuire la nostra efficacia oratoria, anche se non è escluso che atmosfere a sfondo triste o sgradevole possano essere impiegate consapevolmente o integrate in uno speech, purché abbiano una precisa funzione in termini di invito alla riflessione.

Si dice che ogni persona, ogni individuo sia diverso dall'altro. È vero. Allo stesso modo è vero che tutte le persone hanno in comune molte caratteristiche importanti. Ad esempio tutti proviamo le stesse sei emozioni, come dicevamo in precedenza; tutti ci nutriamo, ci vestiamo, comunichiamo ecc. Secondo te, cosa può condurre le persone su un piano empatico di comunicazione: le differenze o le similitudini?

È per questo motivo che la costante ricerca di punti in comune, di punti di contatto con i propri interlocutori si rivela fondamentale. Al contrario, penso sia abbastanza ovvio, è letale rimarcare le differenze, salvo non si verifichino particolari necessità. Sostanzialmente, se vogliamo influenzare qualcuno, un interlocutore o una platea, non possiamo immaginare di farlo sottolineando ciò che divide, ma ciò che unisce.

In tutto ciò, le differenze tra le persone, che sono realtà molto preziose e motivo di grande ricchezza, non vengono cancellate, bensì valorizzate. Poniamo che io debba fare uno speech per un gruppo di ufficiali delle forze armate e poniamo anche che debba influenzare queste persone a prendere una decisione in mio favore. Poniamo anche che io sia contrario a qualsiasi forma di conflitto armato. Pensi sia plausibile iniziare il mio speech dichiarando apertamente e duramente il mio orientamento?

Immaginiamo che io inizi il mio speech sottolineando quanto non credo nella guerra, quanto non mi piacciano certe forme gerarchiche o cose simili. Magari proverei un grande senso di soddisfazione e orgoglio, certo, ma perderei miseramente qualsiasi possibilità di entrare in empatia con quelle persone e pertanto non potrei mai raggiungere il mio obiettivo, se ne ho uno.

Poniamo invece che io inizi il mio speech parlando dell'importanza di proteggere la propria nazione, chi si ama o i propri valori, ecco che probabilmente ho già trovato un punto di contatto con gli interlocutori. A partire da questo punto di contatto è più facile veicolare altre idee che magari, gradualmente, possano condurmi a un'empatia profonda, alla creazione di un terreno comune sul quale si possa edificare più facilmente un accordo. Naturalmente questo è solo un esempio, frutto della mia immaginazione. Il punto è che bisogna sempre partire da ciò che ci unisce al nostro interlocutore invece che da ciò che ci divide, se davvero si vuole influenzare l'idea dell'altro.

SEGRETO n. 28: evita di contraddire i tuoi interlocutori, in maniera diretta o indiretta; contraddire, anche in modo genuino e gentile, diminuisce l'efficacia dell'oratore.

Quindi evita espressioni del tipo: «Non sono d'accordo»; «Ti sbagli»; «Non è così» e via discorrendo. In alternativa si possono usare queste formule: «Capisco il tuo punto di vista»; «Io valuterei anche questo aspetto»; «Io credo anche in quest'altra possibilità»; «È anche vero che...» Insomma, è utile evitare di confutare la verità dell'altro, accostandole semmai, con i dovuti modi, un'altra. Può anche essere utile tentare di entrare nel punto di vista dell'altro, cercando di comprenderne profondamente qualche aspetto e inviando un feedback positivo riguardo a esso.

Usciamo dall'idea del torto e della ragione, piuttosto entriamo nell'ordine di idee di chi esprime dei bisogni e dei sentimenti e accoglie quelli degli altri senza esprimere giudizi. «Lì fuori, al di là del giusto e dello sbagliato c'è un campo; come vorrei incontrarvi laggiù!» (Sufi Rumi).

Le parole killer
L'ultimo aspetto riguardante la strategia ha a che fare con tutte quelle parole/espressioni che, se pronunziate durante un incontro di lavoro, o anche di altra natura, rischiano di creare un corto circuito nella comunicazione. Sono dei veri e propri autogol che possiamo facilmente evitare allenandoci a riconoscerli.

Ti propongo qui di seguito le più diffuse, e forse le più nocive, parole/espressioni "killer":
- Ha bisogno d'aiuto?
- C'è un problema!
- Disturbo?

- Non si preoccupi.
- Le dispiace?
- Le rubo qualche minuto.
- Lei sbaglia!
- C'è un errore!

Le suddette espressioni contengono una sorta di "veleno verbale" che suggerisce in modo inconscio all'interlocutore emozioni negative; non vanno usate e nemmeno neutralizzate con un *"non"*, ad esempio "non si preoccupi", "non c'è problema", "non le ruberò troppo tempo" e così via.

SEGRETO n. 29: allenati a trovare (e a usare) parole neutre, che non abbiamo un "cattivo sapore".

Ecco alcune possibili alternative (le espressioni killer sono quelle in corsivo). Puoi sostituire:
- *C'è un problema!* con "C'è un fatto/un elemento importante da considerare..."
- *Le rubo qualche minuto* con "Vorrei portare la sua attenzione

su...", oppure "Avrei una comunicazione importante per lei con Può dedicarmi alcuni minuti per...?"
- *Disturbo?* con "È disponibile ad ascoltare?"
- *Non si preoccupi* con "È tutto ok rispetto a questo".
- *Ha bisogno d'aiuto?* con "Posso esserle utile?"
- *Le dispiace fare questo?* con "Gradirebbe fare questo?"

Forse hai notato che ti ho offerto "l'antidoto" per tutte le parole avvelenate meno le ultime due del primo elenco, ovvero: "Lei sbaglia!" e "C'è un errore". L'ultimo esercizio che ti propongo è trovare un'alternativa alle parole killer citate nel primo elenco e rimaste irrisolte, prendendo spunto dalle soluzioni appena proposte e da quanto detto poco prima. Sono sicuro che, anche grazie al lavoro fatto insieme, riuscirai a trovare le giuste risposte.

RIEPILOGO DEL CAPITOLO 5:

- SEGRETO n. 22: le emozioni non si controllano né si gestiscono; si accolgono, si ascoltano e quindi si trasformano e si canalizzano.
- SEGRETO n. 23: accogli sempre ogni tua emozione; non soffocarla, non respingerla, altrimenti si ripresenterà intensificata.
- SEGRETO n. 24: quando comunichi in pubblico, impara a mettere da parte l'Io: è la parte più suscettibile all'ansia.
- SEGRETO n. 25: un buon comunicatore è un buon costruttore di relazioni, un creatore di punti di contatto e connessione con l'altro.
- SEGRETO n. 26: il giudizio inquina continuamente moltissime relazioni umane e persino il rapporto dell'individuo con se stesso, minandone pericolosamente l'autostima.
- SEGRETO n. 27: cerca di scoprire con largo anticipo tutto ciò che puoi sulle caratteristiche dei tuoi interlocutori; questo ti aiuterà a calibrare la tua modalità di comunicazione in modo perfetto.
- SEGRETO n. 28: evita di contraddire i tuoi interlocutori, in maniera diretta o indiretta; contraddire, anche in modo genuino e gentile, diminuisce l'efficacia dell'oratore.

- SEGRETO n. 29: allenati a trovare (e a usare) parole neutre, che non abbiamo un "cattivo sapore".

Conclusione

Abbiamo concluso il nostro percorso e, a questo punto, penso sia utile farne un breve riepilogo.

Hai appreso esattamente che cosa sia la voce e quali contenuti conduca agli interlocutori, ottenendone una nuova consapevolezza. Questa consapevolezza ti porterà da subito in una nuova dimensione, quella che io definisco della "comunicazione sottile". L'attenzione della gente è rivolta ancora veramente poco a questo mezzo, nonostante sia di straordinaria importanza nella quotidianità di chiunque, non solo dei professionisti della comunicazione.

Sostengo con tutte le mie forze l'importanza della consapevolezza; la considero la prima e fondamentale tappa verso il cambiamento. Riflettendoci su, essa stessa è un cambiamento; ci porta infatti ad accogliere qualcosa di nuovo nella nostra mente, un nuovo seme nel campo del nostro sapere.

Della voce hai conosciuto a fondo gli intimi meccanismi, ottenendone il "libretto di istruzioni per l'uso". Hai acquisito la capacità di trasformarla, mutandone le caratteristiche (altezza, volume, ritmo e timbro), al fine di rendere la tua comunicazione più incisiva. Se la consapevolezza è necessaria, la trasformazione è assolutamente irrinunciabile. Essa è il grande obiettivo di questo libro; trasformare la propria voce per trasformare in meglio il proprio modo di relazionarsi e, in senso lato, di essere.

Sai come salvaguardare e potenziare la tua voce, grazie agli esercizi di riscaldamento, proiezione vocale e idratazione. Hai di certo ottenuto una protezione di base, rispetto alla voce, che ti permetterà di non perderla mai, o quasi. Ti sei appropriato di una nuova e più efficace modalità di respirazione, grazie alla quale puoi alimentare la voce e il corpo, favorendo anche stati d'animo di rilassamento. Ciò probabilmente ti ha portato a fare delle riflessioni sul legame inscindibile che esiste tra voce, corpo, emozioni, mente e spirito.

Hai compreso come relazionarti con le tue emozioni e con la tua parte spirituale, quella più profonda. Ciò che farai alla tua voce, lo farai alle tue emozioni. Grazie alla voce potrai avere sempre un quadro abbastanza chiaro di cosa ti sta succedendo a livello affettivo ed emotivo.

Adesso sei nelle condizioni di favorire gli stati d'animo più appropriati a relazionarti in modo empatico con i tuoi simili. Avrai compreso certamente che il modo in cui parli agli altri è determinante; proprio perché lo è il modo in cui gli altri parlano a te; e questo puoi sperimentarlo quotidianamente.

Sei consapevole di quali siano i principali autogol da evitare nella comunicazione. Spesso, infatti, anche persone dotate naturalmente di una buona voce e di una capacità oratoria eccellente sono inconsapevoli di alcune sottigliezze e delicatezze che in questo libro ho portato alla tua attenzione.

La lettura di questo libro e **soprattutto lo sviluppo della parte pratica, rappresentata dagli svariati esercizi proposti,** è un valido strumento di trasformazione del tuo modo di comunicare tramite la voce. Se ti eserciterai nelle modalità descritte, i cambiamenti saranno visibili e soprattutto udibili da chi ti è vicino, sia nelle relazioni professionali sia in quelle private, naturalmente.

Nel caso in cui tu fossi un manager o un professionista per cui la comunicazione tramite voce riveste un ruolo determinante e delicato, puoi contare sulla mia guida in carne e ossa (anima e cuore!). Qui di seguito trovi tutti i recapiti per raggiungermi facilmente.

Prima di salutarti, ti ricordo quanto detto all'inizio: **ho preparato per te delle tracce audio esemplificative, delle immagini e dei video che potrai visualizzare collegandoti alla mia pagina Facebook "Giuseppe Urzì Allenatore della voce".**

Pubblicherò questo materiale in maniera graduale e ordinata a partire dalla data di uscita libro. Sarà un ottimo pretesto per entrare in contatto con me e chiedermi qualsiasi chiarimento in merito ai contenuti del libro.

GIUSEPPE URZI' – FATTI SENTIRE!

Se vuoi comunicare direttamente con me in tempo reale, puoi usare i seguenti recapiti:

Mobile:

3319858776

Indirizzo e-mail:

fattisentire@giuseppeurzi.com

Ti aspetto!
Un saluto affettuoso.

www.ingramcontent.com/pod-product-compliance
Lightning Source LLC
Chambersburg PA
CBHW050911160426
43194CB00011B/2364